U0612697

广东：改革开放的『窗口』

—— 庆祝改革开放40周年 ——

中共广东省委党校
广东行政学院 / 编

SPM
南方出版传媒
广东人民出版社
·广州·

图书在版编目（CIP）数据

广东：改革开放的"窗口"/中共广东省委党校，广东行政学院编. —广州：广东人民出版社，2018.12

ISBN 978-7-218-13341-6

Ⅰ．①广… Ⅱ．①中… ②广… Ⅲ．①改革开放—成就—广东 Ⅳ．① D619.65

中国版本图书馆CIP 数据核字（2018）第297325号

GUANG DONG GAI GE KAI FANG DE CHUANG KOU

广东：改革开放的"窗口"

中共广东省委党校 广东行政学院 编

版权所有 翻印必究

出 版 人：肖风华

责任编辑：廖智聪 伍茗欣

封面设计：闽江文化

责任技编：周 杰

出版发行：广东人民出版社

地　　址：广州市大沙头四马路10号（邮政编码：510102）

电　　话：(020)83798714（总编室）

传　　真：(020)83780199

网　　址：http://www.gdpph.com

印　　刷：佛山市浩文彩色印刷有限公司

排　　版：广州六宇文化传播有限公司
Guangzhou Liuyu Culture Communication Co., Ltd.

开　　本：787mm×1092mm 1/16

印　　张：12.5 插 页：2 字 数：200千

版　　次：2018年12月第1版 2018年12月第1次印刷

定　　价：38.00 元

如发现印装质量问题，影响阅读，请与出版社 (020—83795749) 联系调换。

编委会

主　任：杨汉卿

副主任：方　真

成　员：林盛根　张　谨　赵　祥　许德友

序　言

　　改革开放是党和人民大踏步赶上新时代的重要法宝，是坚持和发展中国特色社会主义的必由之路，是决定当代中国命运的关键一招，也是决定实现"两个一百年"奋斗目标，实现中华民族伟大复兴的关键一招。40年前，根据党中央的决策部署，广东以其特殊的区位优势、开明的社会风气和敢闯敢试的精神气魄，率先开启了改革开放的大门。40年来，在党中央的坚强领导下，广东省委、省政府团结带领全省人民，以无比的决心和担当，敢闯敢试、敢为人先，"杀出一条血路"，为全国改革开放实践开拓了新路、积累了经验，为全国经济社会发展树立起一面光辉的旗帜。

　　广东作为改革开放的排头兵、先行地、实验区，在中国改革开放和社会主义现代化建设大局中具有十分重要的地位和作用。40年来，广东高举改革开放的伟大旗帜，始终坚持中国共产党的领导，积极践行改革开放理念，以开放促改革为主要形式，从沿海沿边开放到内陆全面开放，通过开放逐步推动对内体制机制改革，以开放带来的压力倒逼对内改革。40年来，广东以经济形态的逐步展开为重要载体，从经济特区到沿海开放城市，从经济开发区到自由贸易试验区，再到粤港澳大湾区，以具体的经济形态为重点逐步推展开来，不断探索改革开放的新路子、新经验。40年来，广东在改革开放的实践中，对经济、政治、文化、教育、医疗、社会保障、国防及军队建设等各个方面都进行了全面、系统的探索，在建立社会主义市场经济、建设社会主义民主政治、发扬社会主义先进文化、构建社会主义和谐社会、建设社会主义现代化强国等各个方面都取得了令人瞩目的成就。40年来，广东始终把增进民生福祉作为发展的根本目的，努力让改革发展成果更多更公平惠及全体人民，使人民获得感、幸福感、安全感更加充实、更有保障、更可持续。

在改革开放进程中，广东通过引进先进技术和管理经验，改革阻碍生产力发展的体制机制，劳动力、土地等生产要素得到了更高效的配置和利用，人民群众的积极性、创造性喷涌而出。广东从一个比较落后的农业省份，一跃发展成为全国经济大省，培育聚集了一批高新科技产业，成为全国的经济龙头，经济总量连续29年位居全国第一，财政收入连续27年位列全国第一。广东在国际上的地位和影响力不断上升，与国际社会在商品生产和贸易、科技研发、人才交流等方面的交流与合作不断深入。广东人民率先过上了富裕的生活，人民群众的幸福感、获得感和满足感不断提升。

时值改革开放40周年，这是一个历史性的节点，是中华民族伟大复兴之路的新征程，中国发展面临着新的局势、新的抉择。进入深水区的改革，是一场比以往更加深刻、更加艰巨、也更加错综复杂的革命，牵一发而动全身，这势必要求走在全国前列的广东以更大的决心、更高的智慧和更强的能力，勇于攻坚克难，善于统筹兼顾，敢于拼搏创新，打破利益藩篱，突破旧有体制机制束缚，以更宽广的视野推动改革开放形成更高层次的新格局，当好展示我国改革开放成就和国际社会观察我国改革开放这"两个重要窗口"。2012年12月，习近平总书记在广东视察工作时指出，改革开放是当代中国发展进步的活力之源，是我们党和人民大踏步赶上时代前进步伐的重要法宝，是坚持和发展中国特色社会主义的必由之路。时隔近六年的2018年10月，习近平总书记再次来到广东，赴珠海、清远、深圳、广州等地，对企业、高校、社区和农村进行了全面而深入的视察，并发表了一系列重要讲话。习近平总书记强调，要高举新时代改革开放旗帜，继续全面深化改革、全面扩大开放，并向全党全国人民及世界宣示：中国改革开放不停步！习近平总书记的重要讲话，充分肯定了广东工作，要求广东认真贯彻新时代中国特色社会主义思想和党的十九大精神，贯彻落实好党中央决策部署，以更坚定的信心、更有力的措施把改革开放不断推向深入，并对广东工作提出了深化改革开放、推动高质量发展、提高发展平衡性和协调性、加强党的领导和党的建设等四个方面的重要要求，为广东新时代改革开放再出发进一步指明了前进方向，提供了根本遵循。

为进一步梳理和总结广东改革开放的实践探索和经验启示，汲取广东人民在不断深化改革开放过程中的智慧和力量，进一步把握推进改革开放的基本规律，为广东改革开放再出发提供理论支撑和智力支持，中共广东省委党校（广东行政学院）组织编写了《广东：改革开放的"窗口"》一书。全书共分为七个部分，即导论、创办经济特区、开放沿海城市、建立经济技术开发区、设立自由贸易试验区、建设粤港澳大湾区、当好"两个重要窗口"等。本书以广东改革开放的经济形态变迁和发展载体为主要研究对象，通过对创办经济特区、开放沿海城市、建立经济技术开发区、设立自由贸易试验区、建设粤港澳大湾区等实践探索的研究，进一步把握广东改革开放的基本特征、思想变迁、主要探索和突出成效，总结经验性，研究规律性。

本书由中共广东省委党校（广东行政学院）有关部门的专家学者共同合作编写而成，限于时间和水平，书中难免有疏漏和不足之处，敬请广大读者不吝指正。

编者
2018 年 11 月 6 日

目 录

广东：改革开放的『窗口』

一 导论

改革开放是中华民族发展史上一场新的伟大革命，它合乎时代潮流、顺应人民意愿，既改变了中国，也影响了世界。改革开放40年的发展历程一再表明，坚持改革开放是实现国家繁荣富强的根本出路，是向发展中国家提供中国智慧和中国方案的重要途径。它的成功经验告诉人们，改革开放的开启、持续与深化，离不开中国共产党的坚强领导，得力于思想大解放的强力推动。因此，我们要坚定不移地用好用实改革开放关键一招，矢志不渝地走改革开放之路。

（一）改革开放是在中国共产党坚强领导下不断深化和发展的

中国共产党是马克思主义政党，在长期的革命和社会主义建设中积累了丰富的执政经验，在历史发展的每一个转折关头，都能以高超的政治智慧和大无畏的斗争精神化险为夷。在改革开放中，中国共产党继续发挥自身优势，更善于加强自身建设，不断提高政治领导力、思想引领力、群众组织力、社会号召力，充分调动一切积极因素，尊重人民首创精神，将改革开放推向新的历史阶段。

改革开放是当代中国最鲜明的特色，也是中国共产党最鲜明的旗帜。40年来，中国共产党紧紧围绕新的发展和新的实践，坚持以政治建设统领各项建设，以理论创新推动实践创新、制度创新，团结带领全党全国各族人民不断推动改革开放事业向纵深发展。党的十一届三中全会以来，以邓小平同志为主要代表的中国共产党人，认真总结中华人民共和国成立以来正反两方面的经验教训，解放思想，实事求是，实现全党工作重心向经济建设的转移，实行改革开放，开辟了社会主义事业发展的新时期，逐步形成了建设中国特色社会主义的路线、方针、政策，阐明了在中国建设社会主义、巩固和发展社会主义的基本问题，创立了邓小平理论，从理论和实践上回答了"什么是社会主义，怎样建设社会主义"这一基本问题。党的十三届四中全会以来，以江泽民同志为主要代表的中国共产党人，在建设中国特色社会主义的实践中，加深了对什么是社会主义、怎样建设社会主义和建设什么样的党、怎样建设党的认识，积累了治党治国新的宝贵经验，形成了"三个代表"重要思想。党的十六大以来，以胡锦涛同志为主要代表的中国共产党人，坚持以邓小平理论和"三个代表"重要思想为指导，根据新的发展要求，形成了以人为本、全面协调可持续发展的科学发展观，进一步回答了实现什么样的发展、怎样发展等重大问题，体现了我们党对共产党执政规律、社会主义建设规律、人类社会发展规律认识的进一步深化。党的十八大以来，以习近平同志为主要代表的中国共产党人，顺应时代发展，从理论和实践结合上系统回答了新时代坚持和发展什么样的中国特色社会主义、怎样坚持和发展中国特色社会主义这个重大时代课题，创立了习近平新时代中国特色社会主义思想。习近平新时代中国特色社会主义思想，是对马克思列宁主义、毛泽东思想、邓小平理论、"三个代表"重要思想、科学发展观的继承和发展，是马克思主义中国化最新成果，是党和人民实践经验和集体智慧的结晶，是中国特色社会主义理论体系的重要组成部分，是全党全国人民为实现中华民族伟大复兴而奋斗的行动指南，必须长期坚持并不断发展。

改革开放的过程是马克思主义中国化不断向纵深推进的过程，中国共产党以中国化马克思主义为指导，日益增强治国理政新本领。中国特色社会主义是中国共产党在改革开放过程中始终坚持和发展的理论主题和实践主题，在社会发展的每个关键节点上，中国共产党总是善于把马克思主义基本原理与社会主义现代化建设的具体实践相结合，中国共产党总结新经验、提炼新思想、形成新理论，以之作为治国理政新纲领。中国共产党治国理政的基本理论具有连续性、整体性、时代性、开放性等特点。在此意义上，可以说，没有对毛泽东思想的继承和发展，就没有与时俱进的马克思主义，它是形成中国特色社会主义理论体系的重要思想来源。邓小平理论是中国特色社会主义理论体系的逻辑起点和历史起点，它结合中国改革开放的实际，全面阐述了马克思主义哲学、政治经济学和科学社会主义的基本理论，从实践上对经济、政治、科技、教育、文化、民族、军事、外交、统一战线、党的建设等诸多领域作出重要部署。"三个代表"重要思想进一步深化了对中国特色社会主义和党的建设的规律性认识，它把握了新世纪中国特色社会主义的本质规定和发展的总体方向，它体现了人民群众的美好夙愿和时代发展的客观要求，为物质文明、政治文明、精神文明的协调发展，为现代化建设与党的建设的融合创新，提供了新思路和行动向导。科学发展观是认真总结中国特色社会主义发展规律而形成的重大理论成果，与历史上的经济增长理论、经济社会协调发展理论、可持续发展理论相比，它更加彰显了社会发展评价尺度的文化内涵，是发展理论史上的一次重大突破。党的十八大以来，在习近平新时代中国特色社会主义思想指引下，我们党领导全国各族人民，统揽伟大斗争、伟大工程、伟大事业、伟大梦想，推动中国特色社会主义进入了新时代。

40年改革开放的成功实践，充分证明了无论改什么、改到哪一步，都要坚持党的领导，确保党始终总揽全局、协调各方。全面深化改革对全面加强党的领导提出了更高要求，必须坚决维护党中央权威和集中统一领导，增强政治意识、大局意识、核心意识、看齐意识，自觉在思想上政治上行动上同以习近平同志为核心的党中央保持高度一致，不折不扣地贯彻党中央的决策部署，高标准抓好各项改革任务的落实。必须完善坚持党的领导的体制机制，深化党和国家机构改革，确保从组织机构上发挥党的领导这个最大制度优势，把党的领导贯彻落实到党和国家全面正确履行职责的各领域各环节。必须强化各级党组织和领导干部的领导责任，把坚持社会主义制度同坚持社会主义市场经济改革方向、把"摸着石头过河"同加强顶层设计统一起来，提高把方向、谋大局、定政策、促改革的能力和定力，把党对各领域各方面工作的领导落到实处。

（二）以思想解放不断助推深化改革、扩大开放是改革开放的一条主线和红线

思想解放是实现理论创新和实践创新的前奏曲，是推动历史发展和社会进步的驱动器。改革开放中的每一次思想解放都冲破了传统观念的束缚，进而催生理论自信与行动自觉。新理论指导新实践，并在多次实践中不断丰富发展该理论，循环反复，在时代变革中实现经济社会的跨越式发展。

真理标准问题大讨论拉开了第一次思想解放的序幕。

"文革"结束后，面对思想僵化、是非颠倒的混乱局面，在全国兴起了一次思想解放运动。从酝酿到展开，从小范围争论到大规模讨论，从理论问题角度上升到政治路线高度，它粉碎了教条主义精神枷锁，开启了经济领域拨乱反正，奠定了改革开放根本基础。

教条主义是马克思主义的大敌，它脱离社会发展的现实状况，以"本本"和权威为依据，因而看不到其在时代变化中产生的局限性。因此，我们应该以什么样的思维方式对"文革"进行反思批判，以什么样的思想路线为指导来彻底肃清"四人帮"的流毒和影响，成为时代赋予的重大课题。这个课题之所以"重大"，关键在于它与毛泽东同志的功过是非紧密相连。彼时，"两个凡是"错误思想的出台，人为地树立了认识标准和行动要求。它违背了马克思主义辩证唯物论的

基本观点，不能用变化发展的眼光看待毛泽东同志的决策与号召，这种由"崇拜"转为"神化"的行为，极大地阻碍了人们对历史的清醒认知和对未来发展道路的准确定位。对此，邓小平同志强调指出，作为指导思想的毛泽东思想是一个理论体系，对它的理解和运用是有条件的，因而其真理性是相对的。事实上，毛泽东同志多次告诫全党，要理论联系实际、一切从实际出发、实事求是。显然，"两个凡是"背离了毛泽东同志的初衷，一场关于真理标准问题的大讨论由此展开。

检验真理的标准只能是社会实践，这是马克思主义科学的认识论与方法论。真理标准问题的讨论始于理论界，然后在全党全国展开，具体来说，主要有三个方面的特点：其一，从学理上对马克思主义实践观进行了正本清源，重新恢复了马克思主义思想路线。中国社会科学院、中央党校、中国科学院、高等院校以及各大报社的理论工作者，通过座谈会的形式展开讨论，一致认为，实践第一是辩证唯物主义认识论首要的基本的观点；只有坚持实践观点才能坚持马克思主义和毛泽东思想，背离实践观点，就不是真正的马克思主义，就不能坚持毛泽东思想。其二，上升到党和国家前途命运高度，深化了认识，统一了思想。真理标准问题的讨论开始后，于1978年7月召开了一次由理论工作者和实际工作者共同参与的全国性研讨会，各省市参会代表会后对会议主要精神作了传达，使真理标准问题的讨论深入基层，使讨论的问题更接地气，起到了凝聚人心的作用。其三，在讨论中表现出大无畏的革命勇气、认真负责的态度和扎实严谨的学风，避免了官僚主义和形式主义。《实践是检验真理的唯一标准》一文刊发后，就像大海里航行的巨轮，掀起了阵阵波浪，在受到广大干部和人民群众啧啧称赞的同时，也遭到部分人的刁难与指责。邓小平同志等党和国家领导人顶住不同政见的压力，在许多重要场合发表了自己的真知灼见，果断支持真理标准问题大讨论。

经济建设关乎国计民生，经济理论工作者率先冲破"两个凡是"的禁区，在批判"四人帮"经济反动谬论的同时，逐步建立社会主政治经济学理论。生产力和生产关系的矛盾、经济基础和上层建筑的矛盾是社会基本矛盾。所以，解放生产力、发展生产力是党和国家的中心工作，也是搞好经济建设的中心环节。在"文革"中，这些理论观点被抛弃，"四人帮"把"唯生产力论"作为"大祸害"无情挞伐。"文革"结束以后，中国经济百废待兴，迫切需要回到正常的经济建设轨道上来，然而"四人帮"在经济问题上所散布的种种奇谈怪论不澄清，不从思想上解决经济发展的方向问题，正常的经济建设是难以迈步前行的。因此，经济领域的思想解放在真理标准问题大讨论酝酿之际就先声夺人。

经济建设有其自身的发展规律，如商品生产与商品交换规律、按劳分配规律等。而"四人帮"诋毁社会主义商品制度，鼓吹按价值规律办事，就是"自发地向资本主义方向发展"的荒谬论调。鉴于此，从1976年12月开始，众多理论工作者纷纷撰文或以研讨会形式，从理论上阐释社会主义大力发展商品生产和商品交换的必要性和合理性，重新强调树立按劳分配原则的重大意义。归纳起来，主要有三个方面的内容：其一，揭示了社会主义商品制度与社会主义经济全面发展之间的必然联系。认为现行的商品制度是社会主义经济制度的一个重要组成部分，商品生产和商品交换是发展社会主义经济的必经阶段，也是社会主义经济制度优越性的基本表现。其二，阐述了价值规律对社会主义企业生产的调节指导作用。价值规律是不以人的主观意志为转移的客观规律，只有掌握了价值规律，才能更好地为经济建设服务；企业盈利不是对价值规律的否定，而是价值规律发生作用的结果。其三，恢复了按劳分配的合法地位。通过多次举办全国性的按劳分配理论研讨会，批判了"四人帮"否定按劳分配原则的种种言行，全面阐释了马克思主义按劳分配的基本原理，厘清了按劳分配与"资产阶级法权"的关系，分清了按劳分配与物质刺激的界限等。义正词严地指出，按劳分配不是对社会主义公有制的否定，而是社会主义公有制的现实产物和实现手段。

真理标准问题大讨论在中国社会发展史上具有重要的里程碑意

义。它使人们从思想上摆脱了唯上主义、主观主义和形而上学的桎梏，使思想真正反映客观规律、反映国情和时代发展的新要求，这样有利于打破习惯势力和主观偏见的束缚，从而研究新情况、解决新问题；它基本肃清了"四人帮"的"圈子文化"和"宗派主义"的不良影响，使民主政治建设被提上了重要议事日程；它使我们党的组织建设日趋加强，从中央到地方、从城市到农村，党的组织设置和活动方式不断强化、实化、规范化。它为中国经济社会发展扫除了障碍，直接为中国的改革开放准备了思想条件、政治条件和组织条件。

邓小平南方谈话掀起了第二次思想解放的热潮。

在改革开放和现代化建设的关键时期，邓小平同志于1992年1月至2月前往武昌、深圳、珠海、上海等地视察，发表了一系列重要谈话。南方谈话是在国内外形势发生深刻变化条件下，为解决发展中面临的重大理论和实践问题而引发的又一次思想解放。它蕴含的许多新观点、新论断成为改革开放不断深化的指导思想。

南方谈话实现了社会主义理论的突破性发展。社会主义制度建立以后，如何在一穷二白的条件下搞建设，为此中国共产党人进行了不懈探索。在"左"的错误思想的影响和计划经济模式的束缚下，中国经济社会发展止步不前，而此时世界上很多资本主义国家以强大的科技实力助推经济发展。为缩小中西方发展差距，寻求发展路径，中国共产党于20世纪70年代末作出了改革开放的重大抉择，通过先农村、后城市，先试点、后推广，先"摸着石头过河"、后深化细化等方式，改革开放收到巨大成效。然而，经济社会发展并非如人所愿，80年代末至90年代初，国际国内所发生的重大政治事件严重阻碍了改革开放的前进步伐。东欧剧变、苏联解体以及国内政治风波，致使一些人对改革开放产生了诸多疑虑，甚至使改革开放蒙上了阴影。中国的社会主义道路何去何从，改革开放如何深化，"左"、右两种思潮如何遏制等，这些问题的解答迫切需要从理论上充分论证，需要彻底澄清改革开放和现代化建设道路上的重重迷雾。南方谈话对建设中国特色社会主义理论作了新阐发，其理论创新主要体现在四个方面：一是充分肯定了改革在解放生产力方面的显著作用；二是明确提出了判断改革开放和各方面的是非标准；三是辩证阐述了经济手段与社会性质的关系，并由此引申出"社会主义本质论"和"共同富裕论"；四是深刻揭示了"左"倾和右倾错误思想的主要危害。

南方谈话直接催生了社会主义市场经济体制的建立。在社会主义与市场经济的关系上，南方谈话首次肯定了社会主义与市场经济的兼容性，否定了社会主义国家计划经济的唯一性，批判了以计划经济和市场经济为尺度来划分社会制度性质的不适性，开始思考如何开辟中国特色社会主义道路等重大问题，而有关经济体制改革的艰辛探索为之打开了一扇明亮之窗。党的十二大提出以计划经济为主、市场调节为辅，"主辅论"看到了市场在经济发展中的主要作用，但对计划与市场关系的阐释尚欠全面深刻。党的十二届三中全会提出社会主义经济是在公有制基础上的有计划的商品经济的新论断，新论断之"新"在于明确地把社会主义经济定位于商品经济。党的十三大把社会主义有计划的商品经济的体制定性为计划与市场内在统一的体制，"内在统一论"不再把计划与市场截然分开，并上升到体制的高度。党的十三届四中全会提出建立适应有计划的商品经济发展的计划经济和市场调节相结合的经济体制和运行机制，"体制机制论"从中国经济发展的现实困境出发，探讨了经济运行的客观规律。1992年10月，党的十四大首次提出社会主义市场经济理论，明确了我国经济体制改革的目标是建立社会主义市场经济体制。正如党的十四大所指出的那样，建立和完善社会主义市场经济体制是一项艰巨复杂的系统工程。在后来的社会主义现代化建设中，这一观点不断从理论和实践方面加以创新，分阶段、有计划、有步骤地落实执行。

南方谈话开辟了中国特色社会主义新路，打开了改革开放的思路，找到了勤劳致富的门路，很好地处理了改革、发展与稳定的关系，因而得到广大人民群众的大力支持，使改革开放沿着预定目标前行，避免了苏东改革失败之后尘。南方谈话和党的十四大以后，国家实现了改革的创造性发展，形成了全方位、多层次、宽领域的对外开放新局面。在经济制度和社会制度改革方面，确立了公有制为主体、多种所有制经济共同发展的基本经济制度，非公有制经济成为社会主义经济不可缺少的组成部分；完善了按劳分配为主体、多种分配方式并存的分配制度，明确了劳动、资本、技术和管理等生产要素参与分配的原则，提出了效率优先、兼顾公平，强调了初次分配注重效率、再次分配注重公平；逐渐形成了多渠道、多层次的社会保障体系。在对外开放方面，特区经济实力明显增强，保持了持续快速发展的良好势头；"引进来"与"走出去"相结合的对外开放战略成效显著；在合理利用两个市场、两种资源的过程中，做到了结构、质量与效益的三重统一。

习近平新时代中国特色社会主义思想的诞生，掀起了又一次思想解放的高潮。

习近平新时代中国特色社会主义思想的核心内容是"八个明确"，它与习近平新时代中国特色社会主义思想的基本方略即"十四个坚持"，共同构成了习近平新时代中国特色社会主义思想的丰富内涵。"八个明确"揭示了习近平新时代中国特色社会主义思想的理论内涵、理论价值，回答了新时代坚持和发展什么样的中国特色社会主义的重大理论问题，具有方向性、统领性、全局性、根本性等特征；"十四个坚持"论述了习近平新时代中国特色社会主义思想的实践价值、实践要求，阐发了新时代怎样坚持和发展中国特色社会主义的重大实践问题，具有政策性、策略性、具体性、操作性等特点。"八个明确"和"十四个坚持"相互联系、相互贯通、相互作用，形成不可分割的整体。

习近平新时代改革开放的重要论述，是习近平新时代中国特色社会主义思想的重要组成部分，是思想再一次解放而形成的理论结晶。习近平总书记对改革开放的前沿阵地——广东的发展所作重要讲话，是习近平新时代改革开放重要论述的地域化，是引领广东改革开放再出发的行动遵循。

习近平新时代改革开放的重要论述，继承并发展了马克思主义社会发展的重要理论，站在新时代的战略高度，提出了进一步深化改革开放的系列主张，实现了改革开放的重大理论创新，开辟了改革开放的新境界与新思路。他指出："改革开放是决定当代中国命运的关键一招，也是决定实现'两个一百年'奋斗目标、实现中华民族伟大复兴的关键一招。"[①] 如果说改革开放的初衷是为了求得一条"活路"，那么新时代的改革开放就是为了寻求一条"兴路"。习近平新时代改革开放的重要论述内容丰富，既有很强的现实针对性，又有科学的方法论意蕴。具体来说：其一，坚持顶层设计，注重改革的系统性、整体性和协同性。对改革开放认识的深化和实践的突破，都是在党中央坚强领导下群策群力的结果。改革越深入、力度越大，开放越加速、视野越宽，就越要注意协同。习近平总书记强调："既抓改革方案协同，也抓改革落实协同，更抓改革效果协同，促进各项改革举措在政策取向上相互配合、在实施过程中相互促进、在改革成效上相得益彰，朝着全面深化改革总目标聚焦发力。"[②] 其目的是要打出改革的"组合拳"，重点在国有企业改革、科技体制改革、农村土地制度改革、生态文明体制改革、国家监察体制改革、司法体制改革、党的建设制度改革、构建开放型经济新体制等方面集中突破，取得整体效应。其二，破除利益固化的藩篱，促进社会公平正义。社会公平正义是中国特色社会主义的应有之义，也是我们党始终坚持的基本主张。但是受社会主义初级阶段的基本国情所限，以及中国特色社会主义制度的非完善性的影响，出现了各阶层收入差距过大、强势群体不愿意改革甚至人为阻挠改革的现象。不改变此种状况，就会加剧社会矛盾，影响社会和谐稳定。其三，发挥市场在资源配置中的决定性作用，更好地发挥政府作用。处理好政府和市场的关系，是推进供给侧结构性改革、建设现代化经济体系、实现经济高质量发展

① 《习近平谈治国理政》第一卷，外文出版社2018年版，第71页。
② 《习近平谈治国理政》第二卷，外文出版社2017年版，第109页。

的必然要求。南方谈话和党的十四大以后，中国的市场经济还不发达，市场在资源配置中起基础性作用。随着改革的逐步深入、开放的不断扩大，以及市场经济的逐步发达，必须更加尊重和更好地发挥市场在资源配置中的决定性作用，即依据市场规则、市场价格、市场竞争实现效益最大化和效率最优化。但是，这并不否定政府作用，按照习近平总书记的理解，更好发挥政府作用不等于更多发挥政府作用，重要的是在保证市场发挥决定性作用的前提下，管好市场管不了或管不好的事情，弥补市场失灵，维护市场秩序。其四，提高党的执政能力，推进国家治理体系和治理能力现代化。新时代全面深化改革开放对党的执政能力提出了新要求，即"要适应时代变化，既改革不适应实践发展要求的体制机制、法律法规，又不断构建新的体制机制、法律法规，使各方面制度更加科学、更加完善，实现党、国家、社会各项事务治理制度化、规范化、程序化。"① 对症下药、破立结合的改革方法论，为构建有章可循、运行有效的制度体系提供了强有力的保障。

广东是中国改革开放的前沿阵地。进入新时代以来，习近平总书记对广东发展作了五次重要讲话，始终要求广东以改革开放引领自身发展，彰显了对广东改革开放的高度自信与殷切期盼。对广东发展的关心，体现了他一以贯之的爱粤情怀。2012年12月7日，习近平总书记来到广东视察工作，对"三个定位、两个率先"的战略部署作了阐发，希望广东成为发展中国特色社会主义的排头兵、深化改革开放的先行地、探索科学发展的试验区，率先全面建成小康社会、率先基本实现社会主义现代化。② 2017年4月4日，习近平总书记对广东工作作出重要批示，要求广东以"四个坚持、三个支撑、两个走在前列"作为发展目标，即希望广东坚持党的领导、坚持中国特色社会主

---

① 《习近平谈治国理政》第一卷，外文出版社2018年版，第92页。
② 2014年3月，习近平总书记参加十二届全国人大二次会议广东代表团审议，提出了"一个走在前列、两份好答卷"，希望广东继续在全面深化改革中走在前列，努力交出物质文明和精神文明两份好的答卷。

义、坚持新发展理念、坚持改革开放，为全国推进供给侧结构性改革、实施创新驱动发展战略、构建开放型经济新体制提供支撑，努力在全面建成小康社会、加快建设社会主义现代化新征程上走在前列。2018年3月7日，习近平总书记再一次对广东的发展寄予厚望，提出了"四个走在前列"，即广东要在构建推动经济高质量发展体制机制、建设现代化经济体系、形成全面开放新格局、营造共建共治共享社会治理格局上走在全国前列。①

广东的改革开放还有很大的提升空间，习近平总书记对广东的发展充满新期待。如果说前两次讲话和批示要求广东在全面发展的基础上做大做强，那么第三次讲话更加强调广东要在做实做足的前提下做大做强；如果说前两次讲话和批示是带有探索性、总体性的要求，那么第三次讲话是更具有针对性、宏观性的要求。由"两个走在前列"到"四个走在前列"，其难度在加大，要求更加具体。从"四个走在前列"中的三个关键词"体制机制""体系""格局"可以看出，当下的经济发展不是一般地追求"量"，而是要在改革的深化上出奇招，在经济管理体制和运行机制的创新上做文章，在经济的整体性发展以及保证各个环节的畅通性方面下功夫；以往的开放是局部的开放，当今的开放是全方位的开放；以往的社会治理单纯强调政府的作用，当今的社会治理更加注重多种治理平台的搭建和全体人民对治理成果的共享。

（三）用好用实改革开放关键一招是推进新时代中国特色社会主义伟大事业的重要法宝

习近平总书记有关改革开放的两个"关键一招"的重要论断，深

---

① 2018年10月，在改革开放40周年、粤港澳大湾区建设全面推进、港珠澳大桥正式开通的喜庆时刻，习近平总书记亲临广东视察并发表重要讲话，对广东发展提出了"四个要求"。

刻揭示了改革开放与中国前途命运以及民族复兴的内在关联，科学阐明了改革开放的时代价值和目标指向。没有改革开放就没有中国的今天，只有沿着改革开放的道路坚定地走下去，才会有更加美好的未来；改革开放只有进行时，没有完成时。因此，我们必须继续深化改革开放，切实把改革开放这关键一招用好用实。正如习近平总书记在党的十九大报告中所说："只有改革开放才能发展中国、发展社会主义、发展马克思主义。必须坚持和完善中国特色社会主义制度，不断推进国家治理体系和治理能力现代化，坚决破除一切不合时宜的思想观念和体制机制弊端，突破利益固化的藩篱，吸收人类文明有益成果，构建系统完备、科学规范、运行有效的制度体系，充分发挥我国社会主义制度优越性。"① 在这里，习近平总书记提纲挈领地概括了新时代坚持改革开放的重大意义和重要领域要解决的重点问题。

用好用实改革开放关键一招，必须认真学习领会习近平新时代中国特色社会主义思想的主要精髓，并将其贯穿于改革开放的伟大实践之中。习近平新时代中国特色社会主义思想，是一个有着内在逻辑结构和层次体系的有机整体，我们不能浮光掠影、浅尝辄止，更不能断章取义、以偏概全。只有忠实原著原文，有计划有目的地学、完完整整地学、勤奋刻苦地学，才有可能学深学透，才能避免理解上的零碎散乱，从而触类旁通，把握其核心要义。习近平新时代中国特色社会主义思想，是对党的十八大以来中国特色社会主义现代化实践的理论概括，它也要随着改革开放的不断深化而逐步完善。所以，坚持和发展习近平新时代中国特色社会主义思想必须理论联系实际，既要联系国际国内经济社会发展形势，又要联系中国改革开放的时代进程。"为学之实，故在践履。"如果我们能用习近平新时代中国特色社会主义思想指导工作，并且能以之回应改革开放中面临的种种困惑，那就是

---

① 习近平:《决胜全面建成小康社会 夺取新时代中国特色社会主义伟大胜利——在中国共产党第十九次全国代表大会上的报告》，人民出版社2017年版，第21页。

学以致用、学有所成、学有所为。

用好用实改革开放关键一招，必须以习近平新时代改革开放的重要论述为引领，构筑深化改革开放的精神之纬。首先，必须始终坚持中国共产党领导。从历史逻辑、时代逻辑、文化逻辑上看，只有中国共产党才能担负起中华民族伟大复兴的历史使命，只有紧密团结在以习近平同志为核心的党中央周围，才能拧成一股绳，朝着共同的目标迈进。中国革命、社会主义现代化建设和改革开放的实践反复证明，我们什么时候加强党的领导，什么时候就能在风口浪尖掌稳舵，把握正确的前进方向；什么时候削弱了党的领导，什么时候就会走弯路，甚至停滞不前。由此，我们要更加自觉地坚持党的领导和中国特色社会主义制度，毫不犹豫地与一切削弱、歪曲、否定党的领导和中国特色社会主义制度的言行作坚决斗争。其次，必须始终走中国特色社会主义道路。党的十八大以来，改革开放之所以能取得全方位、开创性的成就，中国社会之所以出现深层次、根本性的变革，最根本原因是我们坚持走中国特色社会主义道路。既不能走封闭僵化的老路，也不能走改旗易帜的邪路，"老路"是回头路、死路，"邪路"是断头路、绝路。"道路通，百业兴。"新时代中国特色社会主义道路是马克思主义中国化的崭新之路，它必将迎来中华民族伟大复兴的光明前景。最后，必须始终弘扬中国精神、传播中国价值、凝聚中国力量。以爱国主义为核心的民族精神和以改革创新为核心的时代精神，是实现中华民族伟大复兴的精神支柱。只有加强文化自觉、增强文化自信，才能更好地发挥人民群众的创造活力，从而提高国际竞争力。社会主义核心价值观是当代中国精神的集中表达，只有把它融入我们日常工作和生活中，才能转化为心理认同和行为习惯，才能转化为崇高信仰和理想。人民群众是决定党和国家前途命运的根本力量，只有建立起最广泛的爱国统一战线，坚持走群众路线，团结一切可以团结的力量，才能战胜各种艰难险阻，才能从胜利走向胜利。

用好用实改革开放关键一招，必须准确把握新时代中国社会主要矛盾的新变化，花大力气解决发展不平衡不充分问题。对社会主要矛盾进行科学判断和准确表述，不以人的主观意志为转移，也不由权威机构强制规定，而是由社会发展到某一历史阶段的政治、经济、文化等方面的客观现实所决定。从中华人民共和国成立到现今，中国社会主要矛盾发生了三次转化，分别是1956年、1981年和2017年。1956年党的八大对我国社会主要矛盾的分析，揭示了我国工业化程度不高、农业现代化水平低的客观现实；1981年党的十一届六中全会认为，我国之所以满足不了人民日益增长的物质文化需要，最为根本的是社会生产力的落后；2017年党的十九大报告提出，我国社会主要矛盾已经转化为人民日益增长的美好生活需要和不平衡不充分的发展之间的矛盾。社会主要矛盾的三次表述都聚焦于"人民需要"，但不同历史时期的需要内容各不相同。20世纪60年代至70年代，"人民需要"主要是最基本的物质产品，其丰富程度受工农业发展水平不匹配的限制。20世纪80年代至2012年党的十八大之前，"人民需要"表现为多样化的物质文化产品，其满足程度受不发达的社会生产力水平的限制。党的十八大以后，中国特色社会主义进入新时代，各项建设取得了前所未有的巨大成就，总体上实现了小康，即将全面建成小康社会，因而"人民需要"更加广泛、需求层次更高。如民主、法治的需求，公平、正义的需求，安全、环境的需求等，尤其是发展不平衡不充分问题更加突出。发展不平衡主要体现在区域间、城乡间、行业间，以及经济与政治、文化、社会、生态、国防之间，等等；发展不充分具体表现在人的发展、市场发展、产业发展、科技发展等方面。从发展不平衡不充分的表现形式可知，其原因有体制机制的滞后，也有思想观念的落后，唯有深化改革开放，才能解决这些深层次问题，任何回避矛盾、知难而退的行为，都会与时代不容而成为前进道路上的绊脚石。

对于广东来说，用好用实改革开放关键一招，就要善于发挥自身优势、勇于攻坚克难。广东在改革开放中杀出了一条血路，破解了经济社会发展中的许多难题，如广东的经济体制改革、党的建设方面的创新、司法体制改革等都走在了全国前列，同时也暴露了许多问题。这就要求广东既不能躺在过去的功劳簿上睡大觉，又务必善于自我反省；既要发挥广东的创新优势、人才优势、对外合作优势，又要看到改革的复杂性、风险性、艰巨性；既要有坚强的决心、坚定的信心，又要有坚强的意志、科学的方法。开放是改革的自然延展，"开放带来进步，封闭必然落后"。广东要以更加宽广的胸怀、共商共建共享的原则加强与世界各国的联系、交往、合作，以实际行动落实"构建人类命运共同体"思想，以具体举措响应"一带一路"倡议，从而提高经济社会发展的创造力和竞争力。

广东用好用实改革开放关键一招，还要善于把握发展新机遇。今天的广东，迎来了历史上最好的战略机遇期，这些新机遇主要体现在以下四个方面：其一，习近平新时代改革开放的重要论述内涵丰富、博大精深，把其精神实质与广东实际相结合，必将显示其理论创新的时代魅力与无穷活力，从而更好地指导广东改革开放的新实践。其二，中国特色社会主义进入了新时代，实现中华民族伟大复兴的时间表、路线图已经非常清晰，尤其是习近平总书记对广东发展的系列重要讲话，意味着广东发展的时代坐标已经标定，发展路径已经明确，因而广东的改革开放会更加积极主动、有的放矢。其三，《中共广东省委关于加快推进新时代全面深化改革的若干意见》明确提出了新时代广东全面深化改革的任务要求，有着很强的现实指导性和操作性，能直接为广东发展指点迷津，进而增强紧迫意识，减少行动的盲目性。其四，经过改革开放40年的不懈努力，广东经济社会发展取得了巨大成就，为进一步深化改革开放奠定了较好的经济基础，提供了良好的人文环境。

回顾广东改革开放的发展历程，从创办经济特区，到设立沿海开放城市，再到建立经济技术开发区；从设立自由贸易试验区，到打造粤港澳大湾区，再到建设"两个重要窗口"，改革开放的这些标志性举措，非常清晰地勾勒出广东先行先试，锐意进取，敢出实招、新招与绝招的奋斗轨迹。

二

创办经济特区：
开启改革开放的大门

　　创办经济特区，是我们党和国家为推进改革开放和社会主义现代化建设作出的重大决策，它直接开启了中国改革开放的大门。40年来，以深圳为代表的经济特区不辱使命，在建设中国特色社会主义伟大历史进程中谱写了勇立潮头、开拓进取的壮丽篇章，在体制改革中发挥了"试验田"作用，在对外开放中起到了重要"窗口"作用，为全国推进改革开放作出了重大贡献和示范引领。

（一）特殊政策、灵活措施——经济特区的酝酿与诞生

　　1977年11月11日至20日，邓小平复出后首站到广东视察。当广东省委领导汇报一些边境地区的农民逃港问题十分突出时，邓小平说："看来最大的问题是政策问题。政策对不对头，是个关键。""这是我们的政策有问题"，"此事不是部队能够管得了的"。邓小平指出："你们的问题相当集中，比较明确，要写个报告给中央，把问题分析一下，什么是自己要解决的，什么是需要外省和中央解决的，看来中心的问题还是政策问题。"[①] 这为此后提出创办经济特区埋下了伏笔。

---

　　① 中共中央文献研究室编：《邓小平年谱（1975—1997）》，中央文献出版社2004年版，第238-239页。

1978年4月19日，邓小平在出席中共中央政治局会议讨论《今后八年发展对外贸易、增加外汇收入的规划要点》时指出："广东搞出口基地，要进口饲料，应该支持，试一试也好嘛。"①

1978年4月10日至5月6日，受国务院委派，国家计划委员会（现为国家发展和改革委员会）和对外经济贸易部（现为商务部对外贸易司）组织考察组，对港澳实地调研。考察组回京后向中央提交《港澳经济考察报告》，提出：可借鉴港澳的经验，把靠近港澳的广东宝安、珠海划为出口基地，力争经过三五年努力，在内地建设具有相当水平的对外生产基地、加工基地和吸引港澳同胞的游览区。

1978年10月23日，广东向国务院报送《关于宝安、珠海两县外贸基地和市政建设规划设想的报告》，指出："在三五年内把宝安、珠海两县建设成为具有相当水平的工农业结合的出口商品生产基地，成为吸收港澳游客的旅游区，成为新型的边防城市。"1979年2月14日，国务院批复广东省报告，原则上同意关于宝安、珠海两县外贸基地的规划设想。

1979年1月6日，广东和交通部联合向时任国务院副总理李先念和国务院上报《关于我驻香港招商局在广东宝安县建立工业区的报告》，提出：由香港招商局在广东宝安县境内临近香港地区的地方即蛇口公社设立工业区。

1979年1月13日，广东向国务院请示，提出将宝安县改为深圳市，珠海县改为珠海市，属省辖市建制。3月5日，国务院批复广东报告，批准宝安、珠海撤县设市。

1979年1月17日，邓小平在同工商界领导人谈话时提出："可以利用外国的资金和技术，华侨、华裔也可以回来办工厂。吸收外资可以采取补偿贸易的办法，也可以搞合营，先选择资金周转快的行业做

---

① 中共中央文献研究室编：《邓小平年谱（1975—1997）》，中央文献出版社2004年版，第298页。

起。"① 同月，邓小平在中共中央办公厅编印的《来信摘报》上一份关于香港厂商要求到广州开设工厂的来信上批示："这件事，我看广东可以放手干。"②

1979年1月31日，李先念、谷牧听取交通部关于招商局筹建蛇口工业区汇报。李先念最后在文件中批示："拟同意。请谷牧同志召集有关同志议一下，就照此办理。"③ 2月2日，谷牧召集国务院有关部委负责人会议，落实李先念的批示。谷牧指出："原则已定，大家要支持，总共就300亩（1亩 ≈ 666.67平方米）这样一块地方。交通部先走一步，试一下，现在就这样'照此办理'起来。""小平同志认为不仅宝安、珠海县可以搞，广东、福建的其他县也都可以搞。"④

1979年3月3日，广东省委召开常委会，会议提出，广东可以拿出一个地方对外开放。最好从汕头开始，可以在汕头建一个像台湾搞的那样的出口加工区。时任中共广东省委第一书记习仲勋当即表示：要搞，全省都搞，除了重要侨乡汕头外，毗邻香港、澳门的宝安、珠海也可以同时搞。他要求先拿出个意见，4月他到北京参加中央工作会议时，带去上报中央。

1979年3月29日，邓小平在会见时任香港总督麦理浩谈到内地偷渡香港的情况时指出："现在应该采取两个途径解决：一方面采取一些措施，减少一些人进入香港，减轻香港的压力；另一方面，香港要鼓励私人资金来广东进行投资，提供更多的就业机会。从长远来看，

① 中共中央文献研究室编：《邓小平年谱（1975—1997）》，中央文献出版社2004年版，第471页。
② 程中原、王玉祥、李正华：《1976—1981年的中国》，中央文献出版社1998年版，第433页。
③ 广东省政协文史资料研究委员会编：《经济特区的由来》，广东人民出版社2002年版，第277-279页。
④ 广东省政协文史资料研究委员会编：《经济特区的由来》，广东人民出版社2002年版，第280-283页。

23

随着我们经济的发展，这个问题能够逐步得到解决。"①

1979年4月5日至28日，中央在北京召开工作会议。习仲勋提出：广东邻近港澳、华侨众多，应充分利用这个有利条件，积极开展对外经济技术交流。希望中央给点权，让广东先走一步、放手干。4月17日，邓小平出席各组召集人汇报会议。习仲勋又提出：现在中央权力过于集中，地方感到办事难，没有权，很难办。希望中央下放若干权力，让广东在对外经济活动中有必要的自主权，允许在毗邻港澳的深圳市、珠海市和重要侨乡汕头市举办出口加工区。② 邓小平插话说：广东、福建有这个条件，搞特殊省，利用华侨资金、技术，包括设厂。只要不出大杠杠，不几年就可以上去。如果广东这样搞，每人收入搞到1000至2000元，起码不用向中央要钱嘛。广东、福建两省8000万人，等于一个国家，先富起来没有什么坏处。③ 邓小平还说道：中央没有钱，可以给些政策，你们自己去搞。杀出一条血路来！④ 会议期间，谷牧向邓小平汇报说：广东省委提出要求在改革开放中"先行一步"，划出深圳、珠海、汕头等地区，实行特殊的政策措施，以取得改革开放、发展经济的经验。但是，这些地方该叫什么名称才好？原来有"贸易合作区""出口工业区"等等，都觉得不合适，定不下来。邓小平说："就叫特区嘛！陕甘宁就是特区。"⑤ 根据邓小平提议，会议决定在深圳、珠海、汕头和厦门等划出一定地区试办出口特区。深圳、珠海两地可以先行试办。

1979年5月11日至6月6日，中央根据邓小平的意见，派时任国

---

① 中共中央文献研究室编：《邓小平年谱（1975—1997）》，中央文献出版社2004年版，第501页。

② 黄海：《改革先驱功炳青史：习仲勋在广东留下的改革开放足迹》，《党史文苑》2007年第1期，第30-34页。

③ 中共中央文献研究室编：《邓小平年谱（1975—1997）》，中央文献出版社2004年版，第506页。

④ 中共中央文献研究室编：《邓小平年谱（1975—1997）》，中央文献出版社2004年版，第510页。

⑤ 谷牧：《谷牧回忆录》，中央文献出版社2009年版，第323页。

务院副总理谷牧带领工作组到广东、福建考察，指导两省起草了向中央的请示报告。6月6日、6月9日，广东、福建省委分别向中央上报《关于发挥广东优势条件，扩大对外贸易、加快经济发展的报告》和《关于利用侨资、外资，发展对外贸易，加速福建社会主义建设的请示报告》，正式提出了实行新体制和在深圳、珠海、汕头、厦门试办"出口特区"。6月23日，中央领导在出席五届全国人大二次会议广东省代表团讨论会时说："中央、国务院下决心，想给广东搞点特殊政策，和别的省不同一些，自主权大一些。广东是祖国的南大门，面对着港澳，实现四个现代化，广东能够发展得快一点。中央同意在深圳、珠海搞特区。"①

7月15日，中共中央、国务院批转广东省委、福建省委关于对外经济活动实行特殊政策和灵活措施的两个报告，决定两省在对外经济活动中实行特殊政策和灵活措施，包括扩大对外经济贸易，吸引侨资、外资，引进先进技术和管理经验，并决定在深圳、珠海、汕头和厦门试办特区（开始称出口特区，后改为经济特区）。至此，中央正式作出了关于试办特区的重大决策。

1979年8月23日，中共中央、国务院正式组建国家进出口管理委员会和国家外国投资管理委员会，由谷牧同志担任"两委"主任，具体负责中国对外开放和试办特区的工作。

1979年9月25日至28日，习仲勋、杨尚昆和刘田夫参加党的十一届四中全会。会议期间，邓小平对广东办特区问题作重要指示，要求广东省委放手搞、加紧搞。要宽一些、快一些，小手小脚没办法搞。邓小平还说：将来台湾回来，香港收回，也是特区。过去陕甘宁也叫特区。②

---

① 深圳市史志办公室编：《中国经济特区的建立与发展》（深圳卷），中共党史出版社1997年版，第52页。

② 广东省政协文史资料研究委员会编：《经济特区的由来》，广东人民出版社2002年版，第557页。

1980年3月24日至30日，受中央委托，谷牧在广州主持召开广东、福建两省会议，检查总结1979年中央50号文件的执行情况。5月16日，中共中央、国务院发出《关于广东、福建两省会议纪要的批示》，采纳广东省的建议，将"出口特区"改为内涵更加丰富的"经济特区"。同时提出，根据目前两省的财力物力可能，广东应首先集中力量把深圳特区建设好，其次是珠海。

1980年8月26日，五届全国人大常委会十五次会议决定：批准《广东省经济特区条例》，宣布在广东省的深圳、珠海、汕头及福建省的厦门四市分别划出一定区域，设置经济特区。至此，完成经济特区设立的决策和立法程序，标志着中国经济特区的正式诞生。

（二）蛇口工业区响起开山炮——特区建设的启动

正当深圳特区紧张筹备各项工作时，招商局蛇口工业区已经先行一步。蛇口工业区于1979年7月正式动工兴建，建设伊始就明确提出"以工业为主，积极引进，内外结合，综合发展"的建区方针。到1981年下半年，工业区基建告一段落，工作重点逐步转到工厂建设和经营管理上来。蛇口工业区创造的一些实践经验，成为深圳特区就近学习的榜样。

1. 开山炮响改革启

1978年6月，交通部外事局赴香港调查，起草了一份《关于充分利用香港招商局问题的请示》报告。10月，袁庚被任命为交通部所属的香港招商局常务副董事长，主持招商局全面工作，年底他向中央建议设立蛇口工业区。1979年初，招商局起草的《关于我驻香港招商局在广东宝安建立工业区的报告》出炉。1月底，国务院批准招商局的提议，允许招商局自筹资金开发新中国第一个对外开放的工业区——蛇口工业区，最早打开了中国改革开放的大门。

此时的蛇口，是一个由7个渔村组成的蛇口公社，本地人口仅4700人，作为中国漫长海岸线上一个普通的小渔村，这里一直是默默无闻的存在。1979年7月8日，招商局蛇口工业区基础工程正式破土动工，在东山角炸山填海的第一声"开山炮"中，以中国南方弹丸之地的蛇口半岛2.14平方公里（后来扩展到约11平方公里）土地为原点创建起蛇口工业区。这一炮犹如一声春雷响，预示着中国改革开放春天的来临。这一炮被后人称为"中国改革开放第一炮"，它拉开了中国改革开放的大幕。

蛇口工业区的一声"开山炮"，意味着改革开放的大门在此开启，这个面积仅有二点多平方公里的小渔村开启了一场史无前例的试验。位于现在的南海大道与工业七路交会处的蛇口工业区大门就是"改革之门"①，在这扇门里，诞生了中国第一家外商独资企业，进行了第一次职工住房制度改革，成立了第一家股份制商业银行，第一家由企业创办的商业保险机构也在此破土而出。从这扇门里，喊出了振聋发聩的"时间就是金钱，效率就是生命"口号，它打破了观念束缚，形成新的时效观念、竞争观念。随之而来，蛇口工业区对分配制度、管理体制、用工制度、工资制度、住房等方面进行大胆突破。废除干部职务终身制，实行公开招聘，开创中国人事制度改革先河；打破"大锅饭"体系，人们不再干多干少一个样……中央和广东省委认为，特区建设初期成绩很大，尤其是"蛇口两年做出来的成绩，连麦理浩（时任香港总督）都说在香港要四五年才能办成"。"经济特区建设初步打开了局面，建立了比较精干的领导班子，制定了经济特区条例和一些

---

　　① 这道"改革之门"已被立在东滨路与南海大道交会处的广东自由贸易试验区深圳前海蛇口片区的蓝色拱门所取代，这扇大门指向的11.23平方公里土地已经成为广东自由贸易试验区的组成部分。历史又一次将蛇口带到时代的拐点。

单行法规，引进了一批外资，学到了一些管理经验，发展了经济，安定了边境。"①

蛇口工业区的一声"开山炮"后，改革和开放成为中国的时代最强音，冲破思想禁锢，敢闯敢试，勇于承担，革故鼎新，这是那一代中国人特有的气质。蛇口"开山炮"宣示了杀出血路的改革决心。改革开放是前无古人的伟大事业，改革意味着破旧立新、革故鼎新，作出这一历史性抉择需要非凡的勇气和魄力，推进改革开放政策也必然会阻力重重。蛇口第一声"开山炮"拉开了中国改革开放的序幕，也宣示了冲破思想禁锢、"杀出一条血路"的坚定决心。蛇口"开山炮"成就了敢为人先的改革基因。蛇口"开山炮"不仅是具有里程碑意义的破冰之举、中国改革开放史上的标志性事件，而且培植了令人们无比敬畏的"蛇口基因"，更演进为一个时代中国人的特有气质和全国上下共同崇尚的"改革基因"。面对"姓社"与"姓资"的激烈争论，面对计划经济与市场经济两种机制的强烈碰撞，面对诸多改革瓶颈和发展难题，蛇口人始终保持敢闯敢试、一往无前的勇气和血性，不仅把蛇口的改革开放不断推向深入，而且为深圳特区和广东全省乃至全国的改革开放贡献了宝贵经验。

2. 蛇口工业区的建设经验

从1979年在深圳经济特区设立蛇口工业区开始，中国逐渐发展出数量庞大的经济技术开发、高新技术产业开发区和其他各种类型的科技工业园，园区的功能定位在探索中经历了很多变化。蛇口工业区在建设、运营、发展过程中形成的功能和建设经验，对于后来经济技术开发区的建设设定起到重要的借鉴和启发作用。②

---

① 王硕：《深圳经济特区的建立（1979—1986）》，《中国经济史研究》2006年第3期，第38页。
② 何继江，刘宁：《蛇口模式：一种社会技术创新》，《特区经济》2014年第12期，第53—57页。

（1）投资创业。蛇口工业区从一开始就有投资创业和孵化企业的业务，最初是两种方式，第一种是对入园企业参股，第二种是通过园区的经营性服务活动创办企业。早期入园的很多家企业中有招商局参股，因为当时香港来投资的企业担心中国的开放政策不稳定，因而强烈要求招商局也参股，以分散风险。蛇口工业区的园区经营性服务机构孵化出很多企业，其中著名企业有平安保险、招商银行和招商地产等。

（2）产业集聚。蛇口工业区开始了改革开放后最早的招商引资活动。1980年，蛇口工业区已引进24个项目，项目投资额约5亿港元。1983年，三洋电机和广东浮法玻璃有限公司的入驻对蛇口工业区的产业集聚产生深远影响。三洋电机（蛇口）公司是日本在中国开办的第一家独资企业，也是当时蛇口工业区人数最多和规模最大的企业，1990年该公司出口创汇为全国三资企业首位。由中国和美国、泰国三方合资的广东浮法玻璃有限公司投资近1亿美元，是当时蛇口投资规模最大的一家企业。这个企业的产业带动效果很大，许多玻璃产业的上下游企业不断涌现，蛇口成为中国重要的玻璃产业集群地。

（3）土地经营。在改革开放之前，中国城市土地实行由国家统一调配并无偿、无期限使用的制度。蛇口工业区开创了"土地有偿使用"的制度。在2.14平方公里土地上，由招商局自筹资金对园区土地进行开发，投资者租用土地建厂房也要向蛇口工业区交地租每年每平方米21~43港元，同时蛇口工业区以每年每平方米6港元的标准向深圳特区政府缴纳土地使用费。蛇口工业区探索的园区土地开发模式后来被概括为土地成片开发，通过有偿有期出让的方式在一定时期内成片承包一定规模的土地，进行系统开发、自主经营、开发后再行转让土地使用权的经济活动。蛇口工业区还把土地开发从一级开发发展到二级开发，用经营的方法对待园区的土地资源，开创了园区的土地经营功能。

（4）社区管理。蛇口是全国第一个实现职工住房制度改革的区域。1983年，蛇口工业区建起第一批商品房向区内职工出售。蛇口工业区的"房改"不仅在深圳是首创，在全国也是最早的探索之一，为后来国务院制定房改政策提供了重要依据。蛇口工业区成为中国最早探索社区综合开发的园区。蛇口从一开始就不是只考虑园区的产业功能，而是探索产业和居住互动，进行社区的综合开发，居住和就业构成综合社区的核心要素。

（5）园区管理和运营。一是作为工业园区的招商局有较大的自主权，从工程勘测、规划、设计蓝图、银行贷款的对外谈判、签约都能自主，不像传统的管理体制那样，层层请示汇报。二是按经济规律和市场规则办事，工业区指挥部与施工单位一律以招标方式建立合同关系；工业区的企业对企业董事会负责，由企业决定自己的经营业务，招商局不予干涉。招商局在蛇口的办事机构，按照政、企分开的原则，设立了独立核算、自负盈亏的各种专业公司，大大提高了办事效率和经济效果。

蛇口工业区对园区功能和管理创新的探索，在1984年中央推进经济技术开发区的时候被借鉴，并不断被推及到其他经济管理领域，为改革当时的管理体制提供了有益的经验。蛇口工业区作为深圳发展的前沿阵地，是比深圳特区更早的建设和制度改革的先行者，一度被称作"特区中的特区"，它的发展与建设为深圳提供了各方面的经验与探索。深圳作为蛇口的母城市，同时也为蛇口的发展经验进行更大范围的扩展和反馈，形成一定程度的互相输出资源及相互影响的关系。

3. 特区建设的加速和推广

深圳特区大规模建设是从1982年开始的，蓬勃发展的势头一直持续到1985年初，城市基建是这一阶段的首要任务。这一时期，深圳建设国际贸易中心大厦（简称"国贸大厦"），三天一层楼，被称作"深圳速度"，蛇口提出的"时间就是金钱，效率就是生命"也流传全国。深圳的建设成就和经验引起中央高度重视。随着国内外形势变化尤其是中英两国就香港问题的谈判进入实质性阶段，深圳特区被赋予了更多的战略性使命。在深圳特区建设的加速时期，先后经历了1982年上半年的严峻考验，以及1984年初邓小平同志视察深圳特区的历史性事件。一定意义上讲，前者对特区工作具有一定的纠偏意义，后者则对特区建设及其推广，乃至全国改革开放产生了巨大的推动作用。

（1）特区早期的经济体制改革试验。1980年，深圳特区的基本建设全面展开，首先要实现通电、通水、通车、通电信和平整土地。但在传统基建体制下，设计、施工、资金来源以及物资供应等都取决于行政分配。为了完成繁重的基建任务，深圳率先在基建中引入市场机制，开放建筑市场，实行开发性建设。利用银行贷款"借鸡生蛋"，边投资边收益，再投下去扩大收益的"滚雪球"办法解决了深圳特区建设初期的资金问题，允许国内乃至国外设计、施工队伍进入深圳，逐步开放建筑材料市场，推出"设计搞评选、施工搞招标"，保工期、造价、质量的工程大包干，实行工资奖金"上不封顶、下不保底"的分配办法，给承包单位极大的自主权，充分调动了建设者的积极性和创造性。结果在国贸大厦建设中出现了三天一层楼的现象，成为"深圳速度"的标志。基建体制改革的成功，为深圳全面引入市场机制开辟了道路。

完成城市"四通一平"（通路、通水、通电、通信、土地平整）后，开始招商引资，开展对外经济合作，发展外向型经济。外资进来了，第一个碰到的问题是，怎么招工人，怎么发工资。因为在当时的劳动工资体制下，劳动是计划配置的，而且是"铁饭碗"。外资企业有一定的经营期限，不适用"铁饭碗"制度，于是便制定了合同工制度。企业根据需要自主招工，工人根据自愿原则签订合同，工资待遇都在合同中明确。

第二个问题是，如何取得土地建厂房。在计划经济时代，企业根据国家批准的基建项目向当地政府提出征用土地的地点和数量，经与农民协商和政府批准后，支付一定的征地费用，取得土地使用权。外资进来了，经过政府批准的土地不能再无偿划拨，怎么办？深圳创造性地开始收取土地使用费。这意味着，土地所有权是国家的，使用权是企业的，后来就形成了以土地使用权转让为内容的土地市场。

第三个问题是，随着招商引资工作的开展，特区很快就面临外汇管理问题。在特区建设初期，港币在市场上大量流通。如果用行政命令禁止，对深圳经济发展不利，于是1985年深圳创造性地成立外汇调剂中心。按照"管住两头，开放中间"的原则进行管理，即到中心调剂的外汇，一头是看其来源是否正当，另一头是看其用途是否正当，调剂价格可以双方议定。这是全国第一家外汇调剂中心，事实上是一家汇率自由浮动、货币自由兑换的外汇市场。

就这样，在招商引资、对外开放的过程中，到1986年，深圳已经初步形成了资金、劳动、土地、技术、信息等生产要素市场。经济特区的经济体制试验从引进外资最需要的地方开始，从要素市场到产品市场、从局部改革到全面改革，逐步引进了市场经济体制。到1987年时，深圳已经在计划体制、企业体制、价格体制、流通体制、财政体制、信贷体制、外贸外经管理体制、外汇管理体制、劳动人事制度、工资制度、基建管理制度等方面进行了改革试验。同一时期，珠海经济特区开始不断探索市场机制，大胆推进市场经济发展，实施"以工业为主，农渔牧业、旅游业、商业贸易等各业综合发展"战略，促进外向型经济发展，经济进入起飞阶段。汕头经济特区从开始的出口加工区向综合性经济特区发展，初步建成具有侨乡特色的综合性外向型经济特区。

（2）特区建设模式和经验的推广。特区逐步突破传统计划经济体制的羁绊，引入市场经济体制，取得了引人注目的经济增长。在1980年至1984年间，全国年均增长速度为10%，而深圳、珠海的平均经济增长速度则分别为58%和32%，远远高于全国的增长速度。经济特区的意义不仅在于创造了经济高速增长的绩效，更重要的是，特区探索出来一条如何实现这种经济绩效的途径。无疑，特区的这些探索成为国内改革开放的"参照系"。因此，中央对于特区模式以及其所试验的经济体制在鉴定后都给予及时的推广。

1984年邓小平同志视察经济特区，不但肯定了特区经济建设的成绩，而且酝酿推广特区的某些做法，实施更宏伟的改革开放战略。1984年3月下旬，国务院决定进一步开放上海等14个沿海城市，并委托深圳举办沿海城市经济研讨会，深圳开始系统化和理论化地总结和推广自己的经验。1985年初，长江三角洲、珠江三角洲和闽南厦漳泉三角地区被开辟为沿海经济开放区。1988年4月13日，七届全国人大一次会议正式批准海南省办经济特区。海南是全国最大的经济特区，实行比深圳等经济特区更加灵活、更加优惠的政策和更多的经济活动自主权，对外开放除了采用深圳等经济特区行之有效的方式外，其他国际上通行的做法也都可以在海南试验。至此，对外开放在沿海地区从南到北次第铺开。

回顾从蛇口工业区的"开山炮"到特区早期对市场经济体制的探索历程，在改革开放历程甚至整个中国制度变迁史上，这些探索的巨大价值和意义怎么评价都不为过。虽然后来看当时的改革还有很多不完善、不协调的地方，但这些改革举措的实施和推广是增量制度的革命。没有这一系列的制度创新，就没有改革开放道路的开启。

1992年邓小平同志再次视察深圳等地，南方谈话震撼了中国大地。以此为契机，一个全方位大开放的战略格局初步形成，市场经济终于取得合法地位。党的十四大报告第一次明确"我国经济体制改革的目标，是建立社会主义市场经济体制"。中国改革以市场经济为取向，等于把经济特区最"特"的一点推广到全国。①

---

① 徐现祥，陈小飞：《经济特区：中国渐进改革开放的起点》，《世界经济文汇》2008年第1期，第14-26页。

（三）时间就是金钱，效率就是生命——特区改革的推进

"时间就是金钱，效率就是生命"，这句在今天看起来很平常的口号，于改革开放初期的20世纪80年代却引起全国轰动，荡涤着国人的思想和观念。这句口号是"深圳速度"和特区改革的有力佐证，成为改革开放以来最响亮的口号，被誉为"冲破思想禁锢的第一声春雷""划过长空的第一道闪电"。这句口号迸发出冲破层层束缚的力量，更是深深地镌刻在波澜壮阔的改革开放进程中。

1. 震撼人心的口号 [①]

（1）口号的提出。1980年，为加快推进蛇口工业区的建设，蛇口工业区管理委员会提出"时间就是金钱，效率就是生命"的口号。其实最初管委会主任袁庚提出的口号有6句话："时间就是金钱，效率就是生命；顾客就是皇帝，安全就是法律；事事有人管，人人有事管。"袁的助手建议，考虑到社会承受能力，不宣传"顾客就是皇帝"。袁表示同意，但他说："'顾客是皇帝'可以不作为口号写出来，但要执行。"1981年底，一块写着"时间就是金钱，效率就是生命"的巨型标语牌第一次矗立在蛇口工业区马路边上。

这句口号其实是受到之前这样一件事的启发：1978年7月，交通部外事局去香港了解情况，看到香港的情况，大家在想，为什么香港会发展这么好？外事局去汇丰银行借了6500万元买一栋楼，外事局负责人跟楼主见面，先付2000万元定金。那天正好是星期五下午三点钟，在律师楼里签完字，我方把2000万元支票交给楼主。支票一

---

① 根据相关资料改写。言君：《时间就是金钱，效率就是生命——冲破思想禁锢的第一声呐喊》，《传承》2008年第2期（上），第4—6页；杨阳腾：《蛇口春雷——历久弥新的"时间就是金钱，效率就是生命"口号》，《经济》2018年第Z1期，第53—58页。

交给他，他跟两个助手马上就坐电梯下去走了，连手都没来得及握。后来听楼下司机说才知道，楼下停了两辆车在等他们，他们一下来车马上就开走了。为什么要两辆车呢，说是怕其中一辆在路上出了故障耽误事情。他们拿到支票去哪了？他们去汇丰银行存款了。如果下午四点半之前存不完款，第二天就是星期六，周末两天加上周五就是三天没有利息。他们就为了这三天的利息而争分夺秒。这不是时间就是金钱吗？外事局的我方人员深受震动，因为一直以来我们招商局把钱都放在柜子里，不存银行，说这样方便，需要的时候打开柜门就可以拿到钱了。我们必须改变我们的思维，需要这样一个口号改变我们以往的看法。

（2）口号引发争议。1982年11月22日《深圳特区报》的一篇报道，将这句口号第一次登载在媒体上。报载，参加中国进出口商品交易会（即广州交易会，简称"广交会"）的各省市外贸代表团应深圳市人民政府的邀请前来特区参观访问。在蛇口工业区，代表们为一幅巨型标语所吸引。北京市的一位代表大声念道："时间就是金钱，效率就是生命；人人有事管，事事有人管。"有的人赶忙掏出钢笔把这几句话记在小本子上。大家七嘴八舌地议论："这就是蛇口精神，也是特区建设的写照，令人耳目一新。但愿这种精神遍地开花，结出累累硕果。"

在深圳饮乐汽水厂，代表们参观了该厂的两条自动化流水线。厂长向大家介绍说："这个厂是深圳市罐头厂和美国百事可乐国际有限公司合办的，从谈判到投产仅用半年多时间，原计划年产100万箱，现已超额20%完成计划。"上海市外贸部门的一位负责人深有感慨地说："这么短的时间，办起这样一间汽水厂，的确不简单。我们上海1000多万人口，汽水供不应求，早就想扩建几个汽水厂，报告打上去，这个部门转到那个部门，公章盖了一个又一个，直到现在还在'旅行'。内地若有特区这样高的效率，什么事都好办多了。"

其实，时间和效率的观念，当时在国外已经相当普遍，而中国古诗常以"一寸光阴一寸金，寸金难买寸光阴"教导人们珍惜时间。由于长期的封闭和僵化，国内许多人"左"的错误思想还很严重，尽管1978年党的十一届三中全会召开，中央把工作重心转移到社会主义现代化建设上来，但是时间效率和价值观念还很淡薄。所以，口号提出后，立即掀起轩然大波和社会争议。有人甚至指责袁庚是资本主义的代言人，要搞"资本主义复辟"。有人说这是资本主义的东西，"袁庚要钱又要命，比资本家还狠"，"蛇口宣扬拜金主义"。有篇署名"许飞"的文章称：袁庚是个要把马列主义推翻的人，将来不得什么好下场。当时，这个被认为是"资本主义"的口号引起了几年的争论。袁庚感受到外部强大的压力，他开始就这个问题求教一些领导和专家，希望得到正面支持。

（3）口号得到邓小平赞许，逐渐成为社会共识。1984年1月26日上午，中国改革开放的总设计师邓小平，在广东省和深圳市领导人陪同下来到蛇口。蛇口工业区负责人把邓小平一行迎上工业区办公大楼。蛇口工业区负责人汇报说，中央对外开放政策在蛇口工业区2.14平方公里土地上发挥了巨大威力，收到了很好的效果。办特区以前，蛇口是人口外逃外流的"口子"。自从办了特区，不但制止了人员外流，相反现在是人才回流、资金回流。几年来，由客商独资或合资兴办的74家企业，其中有51家已经投产，有14家工厂开始盈利，职工工资水平已超过澳门……

见邓小平听得饶有兴趣，蛇口工业区负责人便把话题引向纵深——他简要地汇报了工业区几年来进行的经济体制、机构、干部制度、工资制度、住房政策改革的情况。最后，他说："我们这里进行了一点冒险，不知道是成功还是失败。我们有个口号，'时间就是金钱，效率就是生命'。"邓小平当时就表示了对"时间就是金钱，效率就是生命"的肯定，这让蛇口工业区负责人松了一口气。

1984年2月24日，邓小平返回首都不久，便召集胡耀邦等中央负责人开会。邓小平说："我们建立经济特区，实行开放政策，有个指导思想要明确，就是不能收，而是放。""这次我到深圳一看，给我的印象是一片兴旺发达。深圳的建设速度相当快……深圳的蛇口工业区更快，原因是给了他们一点权力，五百万美元以下的开支可以自己作主。他们的口号是'时间就是金钱，效率就是生命'。"①

得到邓小平的肯定和赞许后，"时间就是金钱，效率就是生命"这句口号逐渐成为人们的共识和行为准则。1984年10月1日，是中华人民共和国35周年国庆，首都北京举行了盛大的阅兵式和群众游行。深圳有两辆彩车参加了游行，蛇口工业区彩车挂有"时间就是金钱，效率就是生命"的口号。这一口号从天安门广场迅速传遍中华大地，成为全国人民务实创新搞改革、争分夺秒图发展的强大精神动力。

2. 口号背后的观念转变

（1）"四分钱奖金"引发分配制度改革。② 一句口号引发的轩然大波，折射出当时已深入人心的计划经济观念对思维转变和改革行动的巨大束缚。改革开放初期的特区改革，面临的最大"包袱"也是来自僵化的思想和观念。袁庚面临的外部强大压力何止是一个口号，蛇口作为中国经济特区中最早设立的外向型、改革型开发区，实际上是中国改革开放的先遣队、试验田。蛇口厉行改革的人都是如临深渊、如履薄冰，尽量避免在改革举措中出现偏差和失误。当时进行的很多改革，都是与已经实施多年的国家计划经济运行机制格格不入的，有些甚至被误解和质疑，这些改革举措强烈冲击着人们的传统观念，如今许多改革举措已被全国所普遍理解、认同、接纳和推行，为改革开放探索出一条新路子。比如，"四分钱奖金"引发了中国分配制度的改革。

1979年8月，蛇口工业区首项工程蛇口港交由交通部第四航务工

---

① 《邓小平文选》（第三卷），人民出版社1993年版，第51页。

② 根据相关资料改写。言君：《时间就是金钱，效率就是生命——冲破思想禁锢的第一声呐喊》，《传承》2008年第2期（上），第4-6页。

程局承建。由于采取内地长期惯用的"大锅饭"分着吃的平均主义奖励办法，即每月在工人中评定一、二、三等奖，除基本工资外，按等级每月分别发给7元、6元、5元奖金。工人们对每月一两元钱奖金兴趣不大，工作干劲不高，每人每天8小时运泥20~30车。为调动工人生产积极性，四航局工程处从当年10月开始实行定额超产奖励制度，即每人每个工作日劳动定额为运泥55车，完成定额每车奖2分钱，超过定额每车奖4分钱。实行这一制度后，一般每人每个工作日运泥达80~90车，干劲大的甚至达131车，可领奖金4.14元。然而，1980年4月，这个行之有效的奖励制度很快被上级有关部门勒令停止，理由是为了纠正滥发奖金的偏向。随后的结果是，奖金下撤后，运泥量也跟着下降了。

得知奖励制度被勒令停止后，管委会请来新华社记者写了《内参》，将情况汇报给时任中共中央总书记胡耀邦同志，胡耀邦马上在《内参》清样上批字，并转给时任国务院副总理谷牧办公室。在中央领导的支持下，蛇口的工地上恢复定额超产奖。中国企业"大锅饭"的分配制度也走上了改革的道路，从此以后，多劳多得，技术、管理和资本参与收入分配等改革举措持续推进，新的分配制度为生产力的解放提供了强大动力。

（2）市场经济规律深入人心。这句口号的提出在当时的确需要勇气和胆识，它不仅打破了人们谈钱色变的传统观念，对保守僵化思想产生强大的冲击力，更带给人们符合市场经济规律的效率观、价值观。这句口号在全国引起如此大的反响，并产生如此大的推动力，也正好说明这句口号切中要害、寓意深刻，为市场经济的建立开辟了道路。

改革开放初期，人们基本沿用过去的思想观念，认为计划经济是社会主义的，市场经济是资本主义的，把计划经济与市场经济完全对立起来。因此，深圳对市场经济的探索，引起社会各方面强烈反响。1982年3月和4月，国内部分报纸发表了关于旧中国租界的系列文章，这些文章虽然没有指名道姓说深圳，但其影射含义不言而喻。"时间就是金钱，效率就是生命"的出现，正好是计划经济体制与市场经济体制产生激烈冲突的时期，正好是经济特区被认为是资本主义而受到责难的时期，正好是需要思想大解放的时期。这句口号一出台就处于风口浪尖，引人注目。它又似晴天霹雳，从一定意义上来说，是又一次思想大解放。深圳经济特区建立后，计划经济体制的做法被一个个突破，市场经济体制逐步建立。外汇调剂市场、证券市场、农产品市场、电子市场、土地市场等等，纷纷成为改革的重头戏。[①] 到1986年，深圳已经初步形成了资金、劳动、土地、技术、信息等生产要素市场。经济特区的经济体制试验从要素市场到产品市场、从局部改革到全面改革，逐步引进了市场经济体制。

1992年邓小平同志视察深圳等地，发表著名的南方谈话，明确指出"特区姓社不姓资"，实际上是充分肯定经济特区在市场经济方面的做法。在南方谈话中，有很大篇幅讲计划与市场的关系。邓小平说："计划多一点还是市场多一点，不是社会主义与资本主义的本质区别。计划经济不等于社会主义，资本主义也有计划；市场经济不等于资本主义，社会主义也有市场。计划和市场都是经济手段。"[②] 邓小平还说："社会主义要赢得与资本主义相比较的优势，就必须大胆吸收和借鉴人类社会创造的一切文明成果，吸收和借鉴当今世界各国包括资本主义发达国家的一切反映现代社会化生产规律的先进经营方式、管理方法。"[③]

1992年10月党的十四大召开，指出：实践表明，市场作用发挥比较充分的地方，经济活力就比较强，发展态势也比较好。我国经济要优化结构，提高效益，加快发展，参与国际竞争，就必须继续强化

① 袁晓江：《"时间就是金钱，效率就是生命"的诞生与冲击》，《特区实践与理论》2008年第2期，第15—17页。

② 《邓小平文选》第三卷，人民出版社1993年版，第373页。

③ 《邓小平文选》第三卷，人民出版社1993年版，第373页。

市场机制的作用。实践的发展和认识深化，要求我们明确提出，我国经济体制改革的目标是建立社会主义市场经济体制，以利于进一步解放和发展生产力。这是我们党在理论上的一次重大突破。

3. 特区改革的持续推进 [①]

继蛇口工业区的开发、改革和开放形成的诸多"全国第一"后，其他经济领域的改革也不断推进，从蛇口工业区到深圳经济特区，到珠海、汕头等经济特区，再到全国各地，大量的"深圳经验"被复制和推广，有力地推动了中国改革开放的进程。

特区建设早期（1978—1985）以市场为取向，以基本建设管理体制和价格体制改革为突破口，在全国率先在工资制度（1979）、基建体制（1980）、劳动用工制度（1980）、价格体制（1982）、企业体制（1983）、劳动保险制度（1983）、干部人事制度（1982）以及政府机构（1981）等方面进行改革。这些改革举措对全国改革开放和现代化建设产生了带动、激励和促进作用。这一时期的改革主要特点是局部改革、单项突破，以开放促改革。这些改革冲破了传统计划经济体制的束缚，为特区对外开放和建设的发展扫除了一定障碍，并对全国城市经济体制改革产生了示范效应。

20世纪80年代中期以后，深圳经济特区的改革开放逐步进入全面推进阶段，一个重要的着力点是全面推进以市场为取向的经济体制改革。为加快特区发展和外资引进，深圳市委提出特区改革从局部改革转向全面改革、从单项改革转向系统改革、从初步改革转向深入改革，要逐步向配套、综合、全面方向发展。改革的主要举措：一是率先进行国有企业股份制改革（1986），创新国有资产管理体制（1987），实行企业承包制、股份制，推行产权转让和破产等。二

---

① 根据相关资料改写。钟坚:《深圳经济特区改革开放的历程、成就与启示》,《中国经济特区研究》2008年第1期，第116-129页。

是改革金融体制，建立多层次、开放型的金融市场。包括引进一批外资银行（1982），创办招商银行（1987）、深圳发展银行（1987）等区域性股份制银行；成立全国第一家外汇调剂中心（1988）；建立有色金属期货市场（1991）；公开发行股票（1987），建立证券交易所（1990）。三是突破国有土地传统管理体制，首次进行土地公开拍卖（1987）。四是改革住房制度（实行商品房、微利房、福利房制度），逐步实现住房商品化（1988）。五是机构调整和公务员制度试点改革（1988）。六是深化劳动、工资制度改革，实行劳动合同制，建立社会保障制度（1986）。这一阶段的主要特点是配套改革、全面推进。通过这些改革，旧体制的框架基本被打破，初步形成了以市场调节为主、计划调节为辅的经济体制和运行机制。1988年，国务院批准深圳市在国家计划中实行单列，并赋予其相当于省一级经济管理权限。1992年，全国人大常委会授予深圳市人民代表大会及其常委会和市政府制定地方法律和法规的权力。

以邓小平南方谈话和党的十四大为标志，中国改革开放和现代化建设进入一个新的发展阶段。深圳经济特区的改革、开放和发展也进入一个新的发展阶段。在体制改革方面，主要特点是体制创新，建立框架。深圳提出在全国率先建立社会主义市场经济体制的目标，围绕这个目标，在建立现代企业制度、完善市场体系、转变政府职能、完善社会保障制度、建立适应市场经济的法规体系等方面继续进行大胆探索，从而初步形成了社会主义市场经济体制的基本框架。具体表现在：一是深化国有企业改革，建立现代企业制度（1994）；二是深化国有资产管理体制改革，建立三个层次的国有资产监管和运营体制（1992）；三是完善所有制结构，促进民营经济发展（2003）；四是深化商贸体制改革，创新金融业务和制度、建立外汇经纪中心（1994），建立产权交易市场（1993），发展技术市场（1993），培育创业投资市场（2002）、完善劳动力市场，不断完善现代市场体系；五是加大政府职能转变（减少或取消审批核准事项，1998），推进财政体制改革（1996）、推进政府采购制度改革（1998）、加快投融资体制改革（2001），加强信用体系建设（2002），不断完善宏观调控体系；六是深化分配制度改革，推行企业经营者年薪制（1997），推行按劳分配和按生产要素分配相结合的分配制度（2002）；七是对社会保险制度综合配套改革，相继实施医疗保险、养老保险、住房公积金制度（1992）和工伤保险制度（1993），进行社会统筹与个人账户相结合的医疗改革试点（1995）；八是全面推进依法治市，推进行政体制改革，包括深化机构改革，实施九个法定化（2001），推进公职人员管理制度改革，全面实施国家公务员制度（1993）；九是推进基层民主建设（1993）、司法体制改革（2001）和建设反腐保廉预防体系等。

在对外开放方面，进一步提高对外层次、水平，努力与国际惯例接轨。一是注重引进外资的质量和产品技术含量，优先引进高技术和知识密集型企业。二是建立外商投资服务中心（1995）和外商投诉中心（2001），率先对外商和外籍人员实行国民待遇（1996），提高对外商的服务水平，不断提高利用外资水平。三是深化口岸体制改革。按国际惯例推进口岸体制重大改革，进一步简化查验手续。四是进一步扩大对外贸易，实施走出去战略，拓展国际市场，提高对外贸易质量和水平，促进对外贸易持续增长。五是积极推进深港投资与贸易合作。

与此同时，珠海、汕头经济特区的改革也持续跟进。1984年后，邓小平视察南方对特区的肯定大大促进了改革的深化与放权，珠海发展的束缚减少了，速度更快了，花园式海滨新城初具规模，逐步形成了包括电子、食品、纺织、轻化工、轻型机械等门类比较齐全的工业体系。1993年，经国务院批准，汕头经济特区保税区正式设立，保税区刚成立就受到海内外客商的广泛关注，成为客商投资新热点。

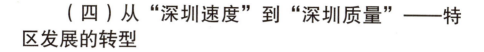

（四）从"深圳速度"到"深圳质量"——特区发展的转型

1. 三天一层楼的"深圳速度"

从特区建立的那天起，深圳就以其超常的发展速度令全国瞩目。1982年11月至1985年12月的37个月期间，中国建筑第三工程局（集团公司）在承建国贸大厦时，创下了三天盖一层楼的纪录，被称为"深圳速度"，这在当时的中国是绝无仅有的。"深圳速度"给习惯于在旧体制下"磨洋工"的人们带来了前所未有的震撼。国贸大厦成为"深圳速度"的代名词，成为经济特区的一个历史象征，成为中国改革开放的重要标志。从这个时候起，"速度"的观念更加深入人心，并深刻改变着人们的工作方式和生活节奏。

"深圳速度"一个最直接的体现就是深圳的经济增长。改革开放40年来，深圳从一个边陲小县城发展为一个全球大都市，其超高速的经济增长令世界惊叹。"六五"时期（1981—1985）最高，深圳GDP（国内生产总值）年均增长速度达到50.3%，"七五"时期（1986—1990）为22.4%，"八五"时期（1991—1995）为30.9%，"九五"时期（1996—2000）为15.9%，"十五"时期（2001—2005）为16.3%，"十一五"时期（2006—2010）为13.3%，"十二五"时期（2011—2015）为9.6%。以1979年为基期，深圳GDP年平均增长速度为22.6%，这样的经济增长速度，不仅在中国，在全球层面都前所未有，可谓经济发展史上的奇迹。尽管近些年来深圳经济增长速度有所回落，但仍高于全国平均水平。在如此高速的驱动下，2017年深圳GDP规模达到22438.39亿元，超过广州，与香港的经济总量不相上下[①]，成为中国仅次于上海和北京的"第三城"。

---

① 2017年香港本地生产总值26626.37亿港元，按照2017年人民币兑港币平均汇率1.1552折算，2017年香港GDP为23049.14亿元，深港GDP尚差约611亿元。

深圳早期的高速发展，主要是利用香港产业转移的时机，大量发展劳动密集型的"三来一补"（来料加工、来样加工、来件装配、补偿贸易）产业和外向型经济。20世纪80年代中后期，深圳开始谋划产业转型。1986年开始，深圳经济特区进入一个探索在计划经济体制之外发展外向型经济和全面进行市场取向经济改革的新阶段。1987年，深圳市政府出台《鼓励科技人员兴办民间科技企业的暂行规定》，大力发展民营科技企业，涌现了华为、中兴等一批国内外知名高科技企业。通过利用外资和技术修建港口、公路、发电厂等基础设施，与中国科学院合作创建科技工业园，创建保税工业区，组建一批外贸骨干企业，开放一系列码头、口岸和通航机场，深圳于1990年前后迅速形成了以工业为主、工贸结合的外向型经济发展模式。1987年，深圳出口贸易大于进口贸易，扭转逆差局面。1988年，深圳出口总额居全国大中城市第二位。从1992年起，深圳进出口贸易总额一直居全国大中城市第一位。到90年代末，深圳经济已经实现跨越式发展，高新技术产业、现代物流业和现代金融业异军突起，成为三大支柱产业，城市功能不断完善，社会各项事业全面进步，人民生活水平大幅提升，综合经济实力跃居全国大中城市前列，创造了罕见的工业化、城市化和现代化发展速度。

2. 更早又更好的"深圳质量"

特区成立后的前30年，深圳 GDP 保持着年均20%以上的增速，成为经济发展史上的奇迹。然而当经济发展到一定阶段，深圳也同样开始遭遇"高位过坎"的困惑：不到2000平方公里的土地上聚集着近2000万人口，可利用土地面积少之又少，空间、资源、环境局限的矛盾日益尖锐，以劳动密集型为主的经济增长已难以为继。21世纪初，"深圳能否延续辉煌"的质疑一度不绝于耳。在传统生产要素成本丧失比较优势之后，依靠数量型的增长和大规模的劳动力投入来支撑经济的可持续发展已经不可能，必须去追求质量型的增长来打破这些要素成本的制约。质量是生产力、是竞争力，也是迈向全球高端产业链、价值链的通行证，深圳的经济发展模式必须转到依托质量的发展方式上，用"以质取胜"取代原有的"以价获胜"才是答案，是全球市场化竞争的必然要求，是在"深圳速度"基础之上的一次跃升，也是进入新常态后的必然选择。

于是，深圳的质量型发展开始科学决策和提前布局：从2000年开始，深圳的产业发展逐渐从加工贸易向高新技术转型，选择性招商，为科技、金融等服务业留下空间；2010年深圳印发《关于加快转变经济发展方式的决定》，提出打造"深圳质量"，并逐步推进标准、质量、品牌、信誉"四位一体"建设，使"深圳速度"得到了保证；2011年，深圳市政府以工作报告形式阐述了"深圳质量"的科学内涵，首次明确提出把"深圳质量"作为经济社会发展的新理念、新标杆；2012年，"有质量的稳定增长，可持续的全面发展"被确定为"深圳质量"的总要求；2014年底，深圳市第五届人大会议通过《关于加强标准建设若干问题的决定》，将"深圳标准"建设纳入法律范畴，成为深圳发展的大战略；2015年，深圳市政府发布《关于打造深圳标准构建质量发展新优势的指导意见》及其行动计划，提出了一条标准先行、创新驱动、内生增长、绿色低碳的质量型发展新路。

对外开放也转向质量型发展。一是利用产业配套优势和优良的物流环境，吸引更多世界著名大公司、大项目和跨国公司的核心制造环节、研发中心、地区总部、采购中心等落户深圳，积极促进经济发展。二是引进高新技术产业链的高端项目，加大汽车及零部件、精细化工、装备制造业领域的招商力度，稳步推进商贸、金融、物流、电信和专业服务等领域的对外开放。三是实施出口市场多元化和科技兴贸战略，在扩大美国、欧盟、日本市场的同时，加大俄罗斯、中东、南美、非洲等新兴市场的开拓力度。积极鼓励企业"走出去"，通过建立境外营销网络、开展境外加工贸易、从事工程承包、与国外跨国公司建立战略联盟等方式，推动企业国际化经营，培育本土跨国企业。

四是继续推进深港合作，签订深港"1+8"合作协议（2004）、"深港创新圈"合作协议（2007）和深港"1+6"合作协议（2007），开放深圳湾和福田口岸（2007），加快在跨境大型基础设施建设、口岸通关合作、高新技术产业、金融业、现代服务业、旅游、机场、教育科技等各个领域的合作与交流。积极融入珠三角、泛珠三角地区的区域合作，加快落实CEPA（《关于建立更紧密经贸关系的安排》）和"9+2"合作框架的有关内容，最大限度地扩大深圳发展的腹地和空间。[①]

在这些有利于质量发展的政策和体制促进下，"深圳速度"转向"深圳质量"。曾经"三来一补""贴牌加工""模拟仿制"是深圳一些企业的标签，但打开2015年的深圳企业图谱：平均每一平方公里上，就有2.7家国家级高新技术企业，有15家中小型创新企业；平均每天有46件发明专利获得授权，每万人拥有发明专利量67件，是全国平均水平的16倍；5G技术、超材料、基因测序、新能源汽车、3D显示、无人机等领域创新能力跻身世界前沿；华为、中兴、华大基因、大疆、柔宇、光启等一批优秀企业正从这里走向世界，成为"中国智造"的闪亮名片。新常态下的深圳经济，高质量发展的态势良好：既有结构优化，又有质量内涵，也保持中高增长速度。以2015年为例，深圳GDP增长8.9%，比全国高出两个百分点；全口径财政收入7238.8亿元，增长30.2%，高于全国平均8.4%的增速；战略性产业对经济增长的贡献率已经达到50%，占深圳GDP总量的40%；先进制造业在规模以上工业增加值的比重达到76.1%；以高端的金融服务、增值服务、信息服务等现代服务业为主的第三产业的比重达到69.3%。"十二五"期间，万元GDP能耗、水耗、建设用地、二氧化碳排放量分别比5年前累计下降了19.5%、43%、29%、21%；2011年至2015年已淘汰

---

① 钟坚：《深圳经济特区改革开放的历程、成就与启示》,《中国经济特区研究》2008年第1期，第116—129页。

转型低端落后企业约1.7万家，深圳制造业正加速迈向高端化。①

3. 特区转型引领高质量发展

改革开放40年来，深圳曾经创造了"三天一层楼"的增长速度，创造了世界上城市崛起的奇迹。"深圳速度"是改革开放中国建设发展的象征，是一个时代快速发展的符号。如今，深圳以"平均每天46件发明专利"的发展率先实现创新驱动，又为中国经济转型升级提供模板。从"深圳速度"到创新引领的"深圳质量""深圳效益""深圳标准"，深圳始终坚持走在中国改革、开放和发展的潮头，引领着珠三角乃至中国改革和发展。近些年来，深圳继续坚持市场导向，围绕"缺什么补什么，哪儿不行就改哪儿"，以供给侧结构性改革为主线，以完善产权制度和要素市场化配置为重点，出台营商环境改革"20条"，成为全国最具创新活力和创业动力的城市之一，全面引资引才引技，成效显著，各类高端生产要素纷纷投深。深圳，已成为全球当之无愧的科技之都、设计之都、创新之都，是新时代中国迈向高质量发展的代表城市。英国《经济学人》这样评价：全世界超过4000个经济特区，头号成功典范莫过于"深圳奇迹"。

39年前，在这片充满激情的热土上，建港填海的"开山炮"率先在蛇口炸响，诞生于晚清洋务运动中的百年招商局，创办了中国第一个出口工业加工区，成为经济特区创立的探路者和"特区中的特区"，蛇口工业区大门口那块写着"时间就是金钱，效率就是生命"的口号成为"冲破思想禁锢的第一声春雷"。39年后，推进前海蛇口自贸片区建设和前海开发开放，是新时期中央的一项重大战略决策。这里承担着自由贸易试验、粤港澳合作、创新驱动等15个国家战略定位，再次成为"特区中的特区"，正成为带动深圳改革开放再出发的强劲引擎。几年来，前海的变化"一年一个样"，经济总量迈上千

---

① 《从"深圳速度"到"深圳质量"》，《光明日报》2016年8月16日。

亿能级，世界500强企业、内地上市公司共在此投资设立企业上千家。截至2018年3月，累计注册企业从2012年的5215家，增长至16.86万家。前海还成立了深港青年梦工场，孵化创业团队304个，年轻人在这里迸发出创新创业激情。

从蛇口工业区到前海蛇口自贸片区，深圳经济特区走过了38年敢为人先、波澜壮阔的宏伟历程，谱写了勇立潮头、开拓进取的壮丽篇章。市场化是深圳经济体制改革的永恒信条，是深圳始终充满活力的奥秘所在。特区人率先冲破计划经济束缚，开展市场化取向的经济体制改革，在劳动、知识、技术、资本等多个领域率先破冰，创造了1000多项"全国第一"，建立起比较完善的社会主义市场经济体制和运行机制。

正是这一套日趋完善的市场化经济体制和运行机制，保障了创新引领的高质量发展。在自身科技资源极为匮乏的条件下，深圳凭借营商环境的优势成长为生机勃勃的"创新绿洲"：2017年，深圳全社会研发投入占GDP比重4.13%，接近全球最高的韩国、以色列水平；PCT（《专利合作条约》）国际专利2.04万件，占全国的43.1%，连续14年居全国城市第一位；拥有国家、省、市级重点实验室、工程实验室、工程中心和企业技术中心等创新载体达1688家，国家级高新技术企业1.12万家，各类人才总量超过510万人，占全市常住人口的42.9%；2017年高新技术产业增加值占GDP比重达32.8%……[1]

深圳因改革开放而生、因改革开放而兴，改革和开放是深圳的根和魂。不论外部环境如何变化，深圳始终坚持推进改革开放政策不动摇，"深圳速度"和"深圳质量"造就的"深圳奇迹"，有力地证明了走中国特色社会主义道路是伟大而正确的抉择。珠海、汕头经济特区虽然在改革影响力和发展速度上不及深圳，但也在借鉴深圳经验的基础上努力探索适合自身的发展路径，逐步走向更高层次的转型发展之

---

[1] 《"深圳奇迹"：见证中国第二次革命的辉煌》，《光明日报》2018年5月21日。

路。可以说，经济特区取得的成就是改革开放以来中国实现历史性变革、取得历史性成就的一个生动缩影，是中国从"站起来"到"富起来"这一伟大飞跃的生动缩影，充分证明了要始终坚持中国共产党的领导，充分证明了党的十一届三中全会以来形成的党的基本理论、基本路线、基本方略是完全正确的，充分证明了改革开放是决定当代中国命运的关键抉择，充分证明了党中央关于兴办经济特区的战略决策是完全正确的，充分证明了人民是改革的主体。经济特区发展的成功实践，实现了解放思想和改革开放的相互激荡，观念创新和实践探索的相互促进，充分显示了中国特色社会主义制度的优越性。

（五）拓荒牛引领中国道路——特区经验的探索价值

在深圳市委大院大门口，有一座青铜雕塑——拓荒牛。只见拓荒牛努力将身后巨大的树根拉出地面，树根扎根很深、盘根错节，老牛为拉出它，勾头蹬腿，筋肉暴起，浑身使力，喘着粗气，树根已经被拉出了一大半。拓荒牛拼命拉出这些树根，是要扫除阻碍前进的思想桎梏，解放思想，探索出一条适合中国的发展道路。纵观经济特区38年建设和发展的历程可以看出，经济特区的成功不仅在于其经济发展和建设成就本身，更重要的是，在创造这些成就过程中的有益探索对中国的现代化建设有着巨大的启迪和指导作用，经济特区这头拓荒牛引领了中国改革开放的发展道路。

1. 经济特区的创办和建设经验开启并验证了中国走改革开放的道路是正确的、成功的

经济特区作为改革开放的窗口和试验田，检验了中国改革开放决策的正确性，坚定了实事求是的思想路线，推动了中国市场经济体制

的确立、完善和其他领域的深化改革。在经济特区建设理论和实践经验积累的基础上，中国加速了对外开放和对内改革的步伐。1979年深圳经济特区批准建立，1984年经济特区的建设经验和优惠政策迅速在东部沿海的大连、秦皇岛等14个城市推广普及，中国对外开放的窗口从广东和福建两省继续扩大，形成了东部沿海的对外开放大窗口。

经济特区所取得的成就，是中国以改革开放实现历史性变革和取得伟大成就的一个精彩缩影，它说明中国特色社会主义不仅是可以探索的，而且是可以成功的，并向世界展示了中国特色社会主义的勃勃生机和光明前景。经济特区的实践打破了只有资本主义才能实现现代化的西方神话，充分说明在社会主义制度的条件下，通过主动改革开放，同样可以创造较高的经济发展速度，摆脱贫困，走向富裕，实现现代化。江泽民同志曾指出："经济特区建设所取得的成就充分证明，创办经济特区的实践是成功的，实行改革开放的总方针是完全正确的，它从理论和实践的结合点上，丰富了我们对建设有中国特色社会主义的认识。"①

2. 经济特区在计划经济体制中率先完成市场经济改革的实践，并在全国范围内推动市场经济体系的确立

创办经济特区作为强制性制度安排，打破了传统体制下导致普遍贫穷的一般均衡状态，使非均衡发展的社会变革成为中国社会最佳的制度变迁的路径选择，从而也使中国这个历经了近半个世纪计划经济的大国，能在一个较短的时间里开始由普遍贫困的"计划"走向"部分人先富"的"市场"。创办经济特区作为一种自上而下的正式制度安排，不仅大大减少了制度变迁的阻力，降低了制度创新的成本，而且还成功地规避了改革有可能带来的更大风险，从而使制度变迁的绩

---

① 《江泽民总书记在庆祝深圳经济特区建立十周年招待会上的讲话》（1990年11月26日），《中华人民共和国国务院公报》1990年第27号，第982－983页。

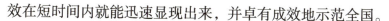

效在短时间内就能迅速显现出来，并卓有成效地示范全国。

完成计划经济向市场经济的转变，是中国社会制度变迁的基本任务。经济特区不仅是这一转型的试验田，同时也是最先学习市场经济的窗口。如果不彻底摆脱计划经济体制的束缚，就不可能有中国社会的真正发展；不建立完善的市场经济体制，就不可能取得改革开放的真正成功。当然，经济特区从初创到今天，其制度变迁的功能已发生了改变。如果说特区初创之时的主要功能是以示范效应在全国确立市场经济体系，那么今天则主要是以制度创新的方式"以开放促改革"，推动改革深化。经济特区这种内在功能的变化，正是中国社会从以突破传统体制为目标的强制性制度变迁，向以收获潜在利益为动机的诱致性变迁演变的标志。改革本身并不是目的，以改革促发展才是改革的目标所在。

3. 经济特区以"先行"的实践与"敢为天下先"的勇气，为中国改革开放注入了敢闯、创新的精神力量

邓小平多次总结说："深圳的重要经验就是敢闯。"[①] 他倡导："第一要大胆去干，第二发现干得不对的地方要及时纠正，总结经验，不是考虑犯不犯错误。"[②] "大胆的试，大胆的闯""闯出一条新路""杀出一条血路""时间就是金钱，效率就是生命""效率优先，兼顾公平"等口号，都是这种精神集中而精彩的体现。

深圳最初的吸引力并不是它的高楼大厦、现代化街道和丰厚的收入，而是改革开放的氛围和内地所无法提供的创新机会。正因为如此，最初涌入深圳的移民既不是做着发财梦的淘金者，更不是做着黄粱美梦的机会主义者，而是期望寻找发展空间，借以施展在内地传统体制中被压抑着的个性和创造力的"吃螃蟹"的人和"叛逆者"。正是那

---

① 中共中央文献编辑委员会:《邓小平文选》第三卷，人民出版社2010年版，第372页。
② 中共中央文献编辑委员会:《邓小平文选》第三卷，人民出版社2010年版，第379页。

些在当时不怕丢掉公职的"吃螃蟹"的人和"叛逆者"，构成了深圳这座城市几乎"与生俱来"的改革创新的土壤。另外，靠改革创新起家，靠改革创新发展，靠改革创新而闻名中外，改革创新不仅仅是深圳的传统，而且还是深圳这座城市重要的政治资本。

40年前中国社会的改革开放，是从解放思想开始的。如果说改革开放是中国制度变迁的路径，那么解放思想则是实现这一制度变迁的前提。没有解放思想就不可能有改革开放，而改革开放又把解放思想从口号变成实践。进一步解放思想，摆脱传统意识形态的束缚，对今天的中国社会来说，并不是一件已经完成了的事情，而是一个尚未根本解决的问题。尽管历经40年改革开放的实践，市场经济体系已基本确立，但与计划经济相适应的传统的意识形态并没有完全随着市场经济体系的确立而一同彻底消除。尤其当摆脱传统意识形态的过程与权利的剥夺及既得利益的丧失相伴随时，人们不仅会本能地以对传统意识形态的留恋来维护个人的既得利益，而且还会以对传统意识形态的坚守来捍卫手中的权利。① 所以新时代全面推进深化改革，依然要继承和发扬"敢闯"的精神。

---

① 陶一桃：《深圳印证中国道路》，《南方论刊》2014年第6期，第13—15页。

三

开放沿海城市：
推动改革开放
格局逐步展开

正确处理沿海与内地的关系，历来是中国社会主义建设的一个重大战略问题。改革开放起步之初，中央就提出，现在世界上有个"南北对话"问题，我们国内也有个"东西对话"问题。1981年11月中下旬，国务院召开沿海9省市区对外贸易工作座谈会，认为沿海地区、特别是沿海重要城市，要善于利用国际市场和国外资源、资金、先进技术，在加快自身发展的同时，有效地带动内地经济的发展。① 可见，面对开放带来的可喜变化，中央已经开始把沿海地区，特别是沿海重要城市实施对外开放提到议事日程上来了。

1984年初邓小平同志第一次视察经济特区后，在北京同中央负责同志谈话时指出："除现在的特区之外，可以考虑再开放几个港口城市，如大连、青岛。这些地方不叫特区，但可以实行特区的某些政策。"② 这极大地推动了中国的开放进程。根据邓小平实行开放政策"要放不要收"的倡议，1984年3月26日至4月6日，中共中央书记处、国务院在北京召开全国沿海部分城市座谈会。会议学习了邓小平关于对外开放和特区工作的重要谈话，着重研究沿海港口城市如何进一步开放的问题。座谈会历时12天，与会者踊跃发言，气氛非常活跃。广东省委和深圳、珠海、汕头经济特区以及海南行政区的负责

---

① 王洪模等：《1949—1989年的中国 改革开放的历程》，河南人民出版社1989年版，第484—485页。

② 《办好经济特区，增加对外开放城市》(1984年2月24日)，《邓小平文选》第三卷，人民出版社1993年版，第52页。

人出席了会议。深圳及所属蛇口工业区作为"先行者"的经验，受到与会者的普遍重视。来自沿海各港口城市和有关省市区的负责人，论证了各自实行进一步开放的优势，以及必要性和可能性，谈了创办经济技术开发区的初步设想。会议达成了很多重要共识，取得了重要成果。

（一）广东沿海开放城市正式设立

改革开放初期，广东按经济和自然条件划分，大体可划分为五类地区、两大板块。五类地区，指以广州为中心的珠江三角洲地区属中部，以汕头为中心的东翼地带，以湛江为中心的西翼地带，南部的海南岛，北部的韶关、梅县等广大山区。东中西南同属沿海板块，其余为山区板块。这些不同地区和板块的经济条件、实力和特点，乃至语言文化都有很大的差异。在贯彻执行特殊政策与灵活措施中，广东根据中国经济建设的战略布局，特别是各地区地理条件、进出口贸易能力和对外资的吸收、消化、承受能力等，梯度推进对外开放。到1984年，初步形成一个具有多层次、多形式、多功能特点的经济开放地带。

1984年5月4日，中共中央、国务院批转《沿海部分城市座谈会纪要》（简称《纪要》）。《纪要》指出，进一步开放天津、上海和广东的广州、湛江等14个沿海港口城市，扩大地方权限和对前来投资办厂的外国人士、华侨、港澳同胞、台湾同胞及其公司、企业（客商）给予优惠政策待遇，确定以对外开放促进海南岛开发的方针，授予海南行政区在对外经济活动方面较多的自主权；并指出，汕头市和珠海市的市区，在利用外资、引进先进技术方面，也按14个港口城市的政策办理。同年11月15日，国务院发布《关于经济特区和沿海十四个港口城市减征、免征企业所得税和工商统一税的暂行规定》，决定对外国和港澳地区的公司、企业以及个人在4个经济特区和以上14个港口城市投资兴办中外合资、合作经营企业和客商独立经营企业，给予减征、免征企业所得税和工商统一税的优惠。《纪要》明确指出：进一步开放沿海港口城市和办好经济技术开发区，"主要是给政策，一是给前来投资和提供先进技术的外商以优惠待遇，税收低一些、内销市场让一些，使其有利可图；二是扩大沿海港口城市的自主权，让他们有充分的活力去开展对外经济活动。这样做，实际上是对我们现行经济管理体制进行若干重要的改革"[①]。这些观点比之广东、福建实行的特殊政策与灵活措施，"是改革经济体制的一种试验"的提法，更为明确和肯定。

1984年5月15日，六届全国人大二次会议正式宣布，国务院决定开放天津、上海、大连、秦皇岛、烟台、青岛、连云港、南通、宁波、温州、福州、广州、湛江和北海14个沿海港口城市和海南岛，实行经济特区的某些政策，扩大他们的权力。这个消息迅速传遍了海内外，引起各方的强烈反响。国际舆论认为，这个战略决策是35年以来"采取的最大胆的行动"，"是中国从明朝以后的第一次开放"。

6月9日，时任国务委员谷牧在听取广州、湛江两市负责人汇报工作时指出，广州、湛江这两个新开放城市，当前主要应抓改革、抓引进外资。体制改革很重要的一个问题就是要"松绑"。6月14日至22日，广东省委在广州召开各市、地委书记会议，学习讨论邓小平关于对外开放和特区工作的重要谈话，广东省委传达了中共中央书记处、国务院召开的沿海部分城市座谈会的精神。会议认为，中央历来对广东的改革和开放寄予希望，要广东"先行一步"，当好"排头兵"。我们要认识肩负的重任，以高度的责任心办好三个特区，搞好广州、湛江的进一步开放和海南岛的开发建设。

---

① 《中共中央、国务院关于批转〈沿海部分城市座谈会纪要〉的通知》，中共广东省委办公厅编：《中央对广东工作指示汇编（1983年—1985年）》，第148页。

此时，全国对外开放地区共19个，其中广东有6个，除了原有的三个经济特区外，新增加了广州和湛江两个开放城市以及海南岛，中央还批准广州为国家计划单列市。这充分说明广东在全国开放中的地位和分量。代表中央监督、检查沿海城市对外开放执行情况的谷牧特别要求：广东要把这项工作做好，"取得经验，做出榜样"[①]。根据中央的决定，广东在加强规划和领导的同时，主要从两个方面入手推进开放：一是在广州、湛江两个沿海开放城市积极筹建经济技术开发区，实行类似经济特区的优惠政策；二是用足用好国家给予沿海开放城市的政策，积极扩大广州、湛江两市在对外经贸工作中的自主权。

（二）广州、湛江推进沿海开放城市建设

广州是广东省的政治、经济、文化、交通中心，是中国重要的对外通商口岸。广州被列为沿海开放城市，一方面可以有效促进广州经济快速发展，另一方面，广州作为全省、华南地区乃至全国的中心城市，对周边省市以及全国经济的发展具有巨大的辐射和带动效应。广东省委、广州市委对于广州被列为沿海开放城市予以高度重视，认为这是广州经济发展的重要机遇。1984年4月21日，广州市委召开局以上领导干部会议，传达了中央召开沿海部分城市座谈会议的精神，市委要求各单位领导提高认识，解放思想，改进作风，跟上形势；要坚决进行改革；要加快市区老企业的改造；要尽快制定广州经济技术开发区的规划；要抓好内联工作，促进城市生产的发展。

---

① 《谷牧同志听取广州、湛江两市负责同志汇报工作时的讲话》（1984年6月9日），中共广东省委办公厅编：《中央对广东工作指示汇编（1983年—1985年）》，第164页。

　　1984年9月5日至9月16日，广州出口商品展销会暨经济技术洽谈会在香港举行。广州市相关领导率领广州经济贸易代表团赴港参会，并向香港和外国的企业家及其他人士介绍了广州市发展对外经济贸易的现状、前景以及兴办经济技术开发区的情况，指出："广州进一步开放，来穗投资给予优惠"，并强调"欢迎港澳以及外国实业界到广州投资做生意"。① 此次会议和讲话掀起了广州对外开放的新高潮。

　　1983年8月，经广东省委、省政府批准，《广州开发区规划大纲》作为广州市总体规划的一个组成部分，上报国务院审批。1984年12月5日，国务院批复广东省政府《关于做好广州市对外开放工作的报告》，同意广州市在抓好老企业技术改造的同时，有计划、有步骤地兴办经济技术开发区。批复要求广州市在进一步对外开放中，充分发挥自己的有利条件，运用中央给予的权限和优惠政策，更好地利用外资，努力引进先进技术，推动科技进步，加速生产建设，进一步开拓国际市场。同时，要加强与腹地的协作，为广东全省和中南地区的经济发展服务。广州经济技术开发区位置定于黄埔区东缘、珠江和东江干流交汇处，总面积为9.6平方公里，首期开发夏港两侧，面积2.6平方公里。1984年12月28日，广州经济技术开发区举行奠基典礼，正式揭开了建设序幕。开发区的指导思想是：优先发展与科研生产相结合的新技术工业，协调发展教育、商业、贸易、居住、旅游等服务设施。

　　根据国家进一步开放的政策，广州市不断加深经济体制的改革，强化企业内部的经济责任制，实行层层承包，由全体职工共担风险，把竞争机制引入企业内部承包，初步建立起以市场为目标、销售为龙头、积极参与竞争的企业运行机制。在"宏观调控、微观搞

_____

　　①　广州市档案馆：《广州大事记（1949.10—1994.12）》，广州出版社1995年版，第529页。

活"的思想指导下，政府各经济部门对经济的管理逐步由直接管理转向间接管理。根据广州经济结构轻型化、关系到国计民生重要企业不多的特点，采取减少指令性计划保留一定数量的指导性计划，绝大多数依靠市场调节的办法。到20世纪90年代初，工业生产总值市场调节比重占77.6%，计划调节比重为22.4%，市场调节已占主导地位。[①] 广州逐步冲破纵向、封闭式的流通体制，开始形成国内开放式、网络式的市场体制，国外市场开拓进展较快，市场开始发挥其对生产的引导作用。长期以来，价格被扭曲的状态有了很大的改变，价格改革成了市场发育的有力机制。工农业产品的价格随着成本和市场需求的变化而合理调节。此外，各种生产资料、资金、劳务、人才、科技、信息等各类市场的培育和发展，有效地推动了经济发展。

湛江市位于祖国大陆南端的雷州半岛东北部，由赤坎和霞山两个区组成，中间相隔好几公里。湛江市是粤西政治、经济、文化、交通的中心，有著名的天然良港，是中国对外贸易港口之一。湛江和粤东的汕头市构成了广东东西两翼，与广东的经济发展关系甚大。

1984年7月下旬，广东省相关领导带领省有关部门负责人前往湛江，和当地党政领导人共同研究湛江的发展规划。湛江原有工业基础较差，技术力量薄弱，海外华侨、港澳同胞较少，这是湛江发展中的劣势。鉴于此，经研究决定，湛江的发展计划应根据湛江是国内少有的深水良港，具有桂、滇、川、黔广大富饶的经济腹地，南海西部石油和油气资源前景良好，西部石油公司和茂名石油公司有相当雄厚的基础和技术力量，以及正在兴修三（水）茂（名）铁路等情况，打破现有行政区划的界限，按照经济规律和合理流向，充分发挥湛江的优势，把湛江逐步建设成为中国南方大港，成为中国大西南的进出口基地，成为中国南海西部的石油开发、加工和化工基地（包括茂名在

---

① 朱森林：《对计划经济与市场调节相结合的探索》，《南方日报》1991年1月3日。

内），并以此带动工业、农林牧业、海洋、旅游以及其他经济行业的发展，成为粤西经济文化中心，带动整个粤西经济的发展，并可促进支援海南岛的开发。

1987年5月22日至29日，广东省委在湛江市召开全省纪委书记会议。会议研究部署进一步抓好开放型农业、发展乡镇企业、推动县级综合体制改革的问题。省委、省政府、省顾问委员会负责人在会议上发言。会议提出，要运用湛江经验，把开发性农业生产推向一个新的高潮，加快造林绿化，积极发展乡镇企业，稳妥开展县级综合体制改革，认真加强基层组织的建设。

广州和湛江这两个沿海开放城市的确立和发展，是广东对外开放新格局的重要内容，对广东省进一步开放起到先行先试的重要作用，有力地促进了广东各类开发区的建设和发展。整体而言，广州、湛江被批准为沿海开放城市后，基础设施建设力度得到显著加强，老企业得到大面积改造和更新，开发区逐渐形成有利于吸引和利用外资的氛围，外向型经济开始逐步呈现。这种加速发展的喜人态势不仅有力地推动了广州和湛江经济社会的发展，更有效壮大了广东对外开放的阵营，丰富了国家对外开放的实践经验。从实际发展来看，相比之下，广州由于基础较好、实力较强、地缘和人缘优势突出，总体发展更快、更强；湛江由于工业基础差、技术力量薄弱、海外华侨和港澳同胞较少，除开发农业很有成就外，其他方面发展不尽如人意，很难起到带动整个粤西经济大发展的作用。①

---

① 梁灵光:《梁灵光回忆录》，中共党史出版社1996年版，第573页。

（三）珠江三角洲经济开放区设立：改革开放由线到面

珠江三角洲经济开放区的提出，缘于邓小平经济特区的发展要与香港互为依托的思想。1983年6月15日，邓小平约谷牧谈话，指出："特区的大问题就是要规划好，不要同香港重复，它缺什么，我们发展什么，将来就能互为依托。现在可以两家联合起来打进国际市场，总之要统一规划。"1984年1月邓小平第一次到特区视察时，与广东省相关领导提及此事，要求深圳以后要和香港协调发展，促进稳定繁荣。[①] 同样在1984年1月，广东省委负责人赴京参加中央工作会议，汇报开发珠江三角洲的设想，得到了支持，广东随即组织一批人积极进行珠江三角洲经济开放区的调查研究和规划。同年12月，时任国务委员谷牧视察了珠江三角洲的深圳、江门、佛山等地。12月12日，省委、省政府向谷牧汇报《珠江三角洲经济区规划的初步设想》和需要请示中央帮助解决的一些经济工作问题，谷牧肯定了这一设想，并提出了修改意见。

1984年1月24日，谷牧向中共中央书记处、国务院上送《关于珠江三角洲经济发展情况的报告》，提出像珠江三角洲这样的侨乡，"应当更加充分地调动和发挥广大海外侨胞爱国爱乡的积极性"。省六届人大一次会议提出："珠江三角洲是我省最富庶的地区，有临近港澳和著名侨乡的优势。我们要运用特殊政策、灵活措施，以广州为中心，以深圳、珠海为窗口，以中小城市为骨干，以广大农村为腹地，以南海油田为依托，形成开放型、综合型的经济网络，加快发展步伐。"以珠江三角洲支援和带动山区及其他地区，促进全省经济的发展。[②]

---

① 梁灵光：《广东改革开放的实践和探索》，《百年潮》2003年第9期，第4-11页。
② 梁灵光：《开放、改革，努力开创社会主义现代化建设新局面》，1984年6月25日。

1984年10月，党的十二届三中全会作出关于经济体制改革的决定后，中国加快了对外开放的步伐。全会结束后不久，国务院调研组即奔赴珠江三角洲和长江三角洲进行调研，分析进一步实行开放和改革，对沿海开放城市和沿海地区将带来什么影响、什么变化，以迎接这一新的形势，促进这一地区经济的更快发展。调研历时20天，且范围广，仅广东就到了广州、佛山、江门、珠海、深圳、顺德、南海、新会、台山、中山、东莞等十余个县市；接触面较广，参观了工厂、港口、商店、农村；同各地负责同志、基层干部、技术人员等进行了座谈，成果较为丰硕，形成了《关于沿海地区经济发展的几个问题》的报告。报告形象地把经济特区、开放城市、经济开放区比喻为"对外开放的桥头堡"；经济特区、开放城市，特别是上海、广州这样的大城市，应当是"两个扇面、一个枢纽"，即形成对内辐射和对外辐射两个扇面，开放城市居中起枢纽的作用。据此，报告提出：必须坚持"外引内联的方针，建议应该开放珠江三角洲和长江三角洲，进而陆续开放辽东半岛、胶东半岛，北起大连港，南至北海市，构成一个对外开放的经济带"。此次调研和报告，对中央关于沿海经济开放区的决策产生了极为重要的影响。

1984年12月下旬，广东省委召开市、地委书记会议。会议指出："建立珠江三角洲经济开放区，走贸工农的路子，进一步发挥优势，把对外引进和对内联合、把沿海的发展和内地的开发结合起来，带动腹地和山区经济的发展。"[①]会后，省委、省政府广泛听取专家和各市、地、县的意见，进一步完善充实初步设想。

1985年1月25日至31日，国务院在北京召开长江、珠江三角洲和闽南厦（门）漳（州）泉（州）三角地区座谈会，广东代表团出席了会议并讲话。会上，传达学习了中共中央、国务院关于开辟沿海经

---

① 梁灵光：《关于建设珠江三角洲经济开放区和当前经济工作的几个问题》，1984年12月27日。

济开放区的决定和邓小平的有关讲话，着重讨论了如何贯彻落实的问题。对珠江三角洲经济开放区建设提出设想意见：除广州、深圳、珠海三市已为开放区外，先从珠江三角洲的"小三角"搞起，取得经验，逐步扩大到"大三角"。珠江三角洲经济开发的发展目标是：工农业总产值争取提前5年翻一番，提前10年翻两番；重点行业、重点产业和骨干企业通过外引内联、技术改造，到1990年要达到20世纪80年代初国际先进水平；1990年实现外贸出口比1984年翻两番；人民生活提前10年实现小康水平。这样，广东从汕头到湛江、海南，形成了包括经济特区、开放城市、经济开放区在内的沿海地带先富起来，并进一步带动内地和山区的经济发展模式。

1985年2月18日，中共中央、国务院发出《关于批转〈长江、珠江三角洲和闽南厦漳泉三角地区座谈会纪要〉的通知》，决定在长江三角洲、珠江三角洲和闽南厦漳泉三角地区开辟沿海经济开放区。通知指出：这是我国实施对内搞活经济、对外实行开放的又一重要步骤，是社会主义经济建设中具有重要战略意义的布局。这三个经济开放区应逐步形成贸—工—农型的生产结构，即按出口贸易的需要发展加工工业，按加工的需要发展农业和其他原材料的生产。

珠江三角洲经济开放区包括4个市14个县（中山市和东莞市为县级市，因此算为县），即：佛山市及所辖的中山市、南海县、顺德县、高明县；江门市及所辖的开平县、新会县、台山县、鹤山县、恩平县；广州市所辖的番禺县、增城县；深圳市所辖的宝安县；珠海市所辖的斗门县；惠阳地区所辖的东莞市。当时总面积为21492平方公里，总人口为951万人。1986年和1987年，经国务院批准，开放区先后两次进行扩充，整个区域扩大到"大三角"范围，新增加的市县有：佛山市所辖的三水县；广州市所辖的花县、从化县；肇庆市及其所辖的高要县、四会县、广宁县；惠州市及其所辖的惠阳县、惠东县、博罗县；清远市；珠海市所辖的香洲区等，扩大为28个市县及一个郊区，土地面积为4.43万平方公里，人口为1576.65万人，分别占全省的24.9%和27%。

1985年4月中旬，广东省政府召开珠江三角洲经济开放区规划工作会议，传达学习国务院召开座谈会的精神，讨论发展鲜活商品出口规划的设想，布置了制定发展工业品出口规划的工作，对外贸体制改革和鼓励出口的政策、措施交换了意见。会议确定开放区规划分三步走：第一步，制定鲜活商品出口规划；第二步，制定发展工业品出口规划；第三步，制定开放区整体发展规划。为保证开放区的健康发展，省政府决定成立珠江三角洲经济开放区规划领导小组，负责统一规划、组织协调、调查研究和情况综合等工作。

根据所制定的珠江三角洲经济开放区规划，选择一些工业基础好，出口能力较强，具有为大中城市生产提供配套产品或加工服务的条件，周围农村经济比较发达，交通运输比较发达的城镇，设置了重点工业卫星镇。截至1985年底，经省政府批准，在开放区建立重点卫星镇118个，占开放区镇总数的六成；扩大为"大三角"后增至242个；同时建立了出口生产体系项目429个。按照国家和广东省政府有关政策，卫星镇在扩大自主管理权限，拥有更多更大的办事权力，并在财政、税收、对外经济贸易等方面享受优惠政策。如卫星镇企业进口设备免征关税，就对当地工业的发展起到了重要的推动作用。经过大力扶持，各地乡镇企业如雨后春笋般涌现，三资企业和"三来一补"企业星罗棋布，许多乡镇成为新兴的门类众多的工业基地，成为充满生机与活力的对外开放的排头兵。这对于吸引外商投资，提高贸易出口能力，加速经济发展和城乡一体化发挥了重要作用。

珠江三角洲经济开放区运用国家和广东省给予的优惠政策措施，走贸—工—农的道路，按国际市场需要和国际标准生产，大大提高了市场的竞争能力，经济发展取得了可喜的成绩：16个市县工农业大幅度增长，工农业总产值1979年到1985年平均递增16.6%，高于全省平均水平；对外经济贸易发展迅速，对外贸易收购总值1985年比

1978年翻了两番多；建立了一批农业鲜活商品基地，为出口港澳地区和海外提供了大量货源；乡镇企业迅速崛起成为珠江三角洲经济的重要支柱，1985年开放区乡镇企业总收入98.88亿元，比1980年增长3.23倍。[①]

1988年12月19日，《南方日报》报道，广东省政府批转省科学技术委员会《关于1988年到1990年广东省高技术、新技术产品开发计划实施纲要》（即“火炬”计划），决定将高新技术产业开发计划纳入广东省国民经济发展计划。这一计划的实施，对推动广东省高新技术产业的形成和发展，对广东省发展外向型经济，实施沿海经济发展战略具有重要意义。1991年3月6日，国务院决定将广东省中山火炬高科技产业开发区、广州天河高新技术产业开发区和深圳科技工业园区列为国家高新技术产业开发区。8月5日，国家科学技术委员会（现为国家科学技术部）批准广东省建立珠江三角洲高新技术产业带。11月15日，经国家科学技术委员会批准，广东省政府决定建立珠江三角洲高新技术产业带，促进珠江三角洲现有产业向高科技、高质量、高层次发展，并以之带动全省经济跃上新台阶。产业带包括深圳、东莞、广州、佛山、江门、中山、珠海、惠州等8个市，以及宝安、番禺、南海、顺德、新会、惠阳等6个县（市）。

（四）广东综合改革试验区设立：沿海经济开放带形成

继成功创办深圳、珠海、汕头三个经济特区之后，1984年12月，国务院决定把包括广州、湛江在内的14个沿海城市定为开放城市。1985年1月，珠江三角洲被划定为经济开放区。广东已从封闭的自然

---

① 梁灵光：《梁灵光回忆录》，中共党史出版社1996年版，第585页。

经济初步转变为开放的以国际市场为导向的商品经济，广东经济的运行已从传统僵化的高度集中的计划经济转向灵活分散的有管理的市场经济。这种历史性的大转变，将广东推向了新的历史新阶段：全面改革、全方位开放、高速发展。

1985年5月7日，广东省政府办公厅发出《转发国务院办公厅转发〈全国城市经济体制改革试点工作座谈会纪要〉的通知》。该通知指出，广州、佛山、江门、湛江是广东省经济体制综合改革的试点城市，改革的重点是从体制上进一步解决搞活大中型企业的问题；同时，广州市要进行指令性计划改革试点。

1987年11月21日，国务院决定将广东设为综合改革试验区，要求商品经济进入更深层次，扩大市场调节。11月28日，国务院批准广东省珠江三角洲经济开放区的范围，由原来的16个市县的"小三角"扩大为28个市县的"大三角"。同时，把沿海城市的汕头、湛江以及茂名和惠阳地区的部分市县也列入经济开放区的范围，享受优惠政策。至此，广东形成了包括经济特区、沿海开放城市、珠江三角洲经济开放区、沿海经济开放区在内的60个市县，面积达8.37万平方公里的沿海经济开放地带。

1988年1月7日，广东省政府向国务院报送《关于广东省深化改革、扩大开放、加快经济发展的请示》（简称《请示》）。《请示》指出：20世纪80年代中后期，广东的经济发展面临着十分有利的国内国际环境，国际经济关系发生了一系列新变化，使亚太地区特别是香港日益成为世界经济最有活力的地区之一，这对于广东经济更多地参与国际分工和国际市场竞争是个良好的开端。但广东的经济技术基础依然脆弱，经济结构还不够协调，在政治体制和经济体制方面还存在着许多不适应生产力发展的因素，经济发展面临着许多新的矛盾和困难，需要在深化改革和扩大开放中加以解决。《请示》提出关于金融，外经外贸，价格，劳动、人事、工资，财政，企业、农村，科技、教育，房地产，计划体制，政治体制等10项改革内容及政策措施。2月10日，国务院原则批准广东省的请示，指出广东省作为综合改革的试验区，改革开放继续先行一步，不仅有利于加快广东省经济的全面发展，有助于实现沿海地区发展战略，而且有利于稳定繁荣港澳经济，促进台湾回归，实现祖国统一大业。国务院批准广东作为综合改革试验区，是中央对广东实行特殊政策和灵活措施的继续和发展。至此，广东开始进入全面发展时期。

（五）粤东西两翼沿海地区列入经济开放区：进一步扩大广东沿海经济开放区

1992年1月19日至29日，邓小平同志来广东视察，先后到深圳、珠海两市和顺德县。邓小平就进一步解放思想，加快改革开放步伐，建设有中国特色的社会主义，以及广东用20年时间赶上亚洲"四小龙"（中国香港、中国台湾、新加坡、韩国）等问题作了重要谈话。邓小平此次视察活动和重要谈话在国内外产生了巨大影响。2月28日，中央以文件形式将南方谈话发到了全党，后来又传达到全国。邓小平的南粤之行再一次在广东掀起了改革开放的大潮。

2月24日至27日，广东省委在广州召开工作会议，传达和贯彻邓小平视察南方的重要谈话精神，研究广东省如何进一步扩大开放，加快经济发展步伐的问题。时任中共广东省委书记谢非、省长朱森林分别在大会上作了讲话，省委常委、副省长卢瑞华就省委和省政府向大会征求意见的《关于扩大开放的若干问题的决定》作了说明。会议分析了对外开放这一广东经济发展的独特优势和巨大潜力，认为抓住扩大开放就是从广东省实际出发，发挥广东省的优势就可以推进改革深化、科技进步和商品经济发展。20世纪90年代广东经济能否有大的发展，将在很大程度上取决于全省对外开放能否迈出更大更扎实的步伐。为此，必须抓好以下几方面工作：扩大对外开放区域，拓宽对

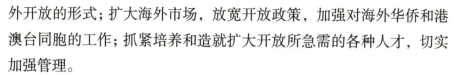

外开放的形式；扩大海外市场，放宽开放政策，加强对海外华侨和港澳台同胞的工作；抓紧培养和造就扩大开放所急需的各种人才，切实加强管理。

为了加快广东社会主义现代化建设步伐，广东省委、省政府于1992年3月就进一步扩大开放的若干问题作出了决定。决定指出：90年代扩大开放要实现的基本目标，是在广东建立具有较强国际竞争能力、高效、开放的国民经济体系和良好的外向型经济运行机制；经济特区要发挥优势，建立起以高新技术产业为先导、以先进工业为基础、以高度社会化的第三产业为支柱的产业结构，发展现代化程度较高的农业经济，办成科技型、综合型和多功能、高层次的特区；以广州为中心的珠江三角洲经济开放区要加快高新技术产业带的建设，调整和优化产业结构，努力发展成为竞争力较强、吸引力较大、富于活力的经济区；把惠州大亚湾、珠海西区和横琴岛、广州的南沙作为广东省90年代进一步扩大开放的重点区域，要认真规划，打好基础，加快开发建设；与珠江三角洲相连的东（潮汕地区四市）西（湛、茂、阳三市）两翼及西江走廊，要积极利用外资，发展外向型生产基地，扩大对外贸易和劳务出口；山区市县要加快交通、通信和能源的建设，努力改善投资环境，增强外向能力，力争使山区的对外开放在90年代有一个新的突破；加快推进对外经济贸易的多元化战略；推动有条件的企业到海外投资，兴办跨国企业；要大胆地利用外资、引进技术，努力提高利用外资的水平；进一步简政放权，扩大市、县审批利用外资的权限；加快金融改革，创造一个更适宜外资营运的金融环境；进一步改善投资环境；高度重视发展外向型经济所需人才的培养工作，提高人才素质；等等。

4月25日至5月9日，时任国务院副总理邹家华带领10个部委办联合组成的"国务院广东经济发展战略调查组"在广东考察。考察目的是贯彻落实邓小平南方谈话和中共中央政治局会议精神，通过实地考察了解广东省改革开放以来所取得的成绩和经验，研究探讨如何落实邓小平提出的广东要力争在今后20年内赶上亚洲"四小龙"的措施。邹家华指出，广东有四个方面的经验特别值得重视：第一，充分运用了中央所给予的特殊政策和灵活措施，思想解放，观念更新，在经济运行中运用市场手段，在很大程度上加速了商品经济的发展；第二，因地制宜在改革开放中结合本地实际情况，充分调动政府和群众的积极性，创造出许多良性循环、发展经济的形式，形成了一批优势产业；第三，大力加强能源和交通等基础设施建设，不仅将能源和交通作为经济建设本身的需要来发展，更是作为发展外向型经济的一个重要投资环境来建设；第四，外引内联、双向发展，充分开拓国内国际两个市场。①

7月1日，广东省委、省政府向中共中央、国务院报送《关于加快广东发展步伐，力争二十年赶上亚洲"四小龙"的请示》。该请示是根据邓小平视察南方的重要讲话精神，在广泛征求各方面意见，反复讨论、集思广益的基础上拟定的。主要内容有：20年赶上亚洲"四小龙"的目标和步骤是，在经济的总体水平上赶上"四小龙"，在精神文明方面要比他们强。20年分为两个阶段：2000年前的10年为第一阶段，争取在总体上达到"四小龙"1990年的经济水平，其中一部分地区达到或接近"四小龙"2000年的平均水平；2000年后的10年为第二阶段，全省从总体上达到"四小龙"2010年的经济水平。为达到上述目标，全省应采取的主要措施是：紧紧依靠科技进步，大力发展能源、交通、通信，加强石油化工、冶金、建材建设；调整经济布局；积极开拓国内外市场；建立和健全良好的资金筹集、运用、增值转变机制，保持较高的投资率；加速发展第三产业；努力发展教育，提高劳动者素质；加强社会主义精神文明建设和党的建设等。

7月14日，省七届人大常委会二十七次会议在广州召开，会议听

---

① 《改革开放三十周年口述史》，《南方都市报》2008年4月28日。

取了卢瑞华关于《广东力争二十年赶上亚洲"四小龙"的构想》的汇报。在分析了广东追赶"四小龙"的起点、目标以后，提出了追赶"四小龙"准备抓好的七个方面的工作，包括：大力加强能源、交通、通信等基础设施和基础原材料工业建设；加快对外开放步伐，形成不同层次的开放结构；积极开拓国际和国内市场；努力调整产业结构，大力发展第三产业；依靠科技进步，提高经济效益；建立良好的筹集资金机制；保持较高的投资率；加强精神文明建设和发展社会各项事业。

9月26日，广东省政府举行扩大开放新闻发布会，宣布国务院已批准将韶关、河源、梅州三市列入沿海经济开放区，同时将大亚湾、南沙两个地区开辟为经济技术开发区。党的十一届三中全会以来，中共中央、国务院一直把广东作为对外开放先行一步的试验区，经过10多年的逐步扩大对外开放，广东已形成了经济特区—沿海开放城市及其经济技术开发区—珠江三角洲经济开放区—粤北、粤东北部山区的多层次、多类型、多功能的全省对外开放格局，逐步发展成为探索多样、梯级政策的开放地带。广东全省列入沿海经济开放区，这对于在全省实行统一的开放政策，特别是对于促进广东省的开放和开发，加快山区经济发展和脱贫致富的步伐，具有重要的意义。

10月14日，在党的十四大开幕后的第一个记者招待会上，广东代表与400多名中外记者见面，指出广东继续吸引外资有三个有利条件：一是全省已形成多层次开放格局，有经济特区、经济开放区、经济技术开发区，还有大片开发地区，全省20个市，17.8万平方公里，外商有很广阔的选择余地；二是广东毗邻港澳，信息灵通，交通方便，4000多公里长的海岸线，口岸很多，有利于外商前来投资；三是实行10多年开放政策以来，广东已初步建立了对外开放的有关法规，培养了一批对外开放的人才与外商，有良好的合作关系，讲信誉、守合同。同时，时任广东省委书记谢非指出，广东定下20年追赶"四小龙"的规划，具体措施包括：第一，要解决机制问题，党的十四大明确提出建立社会主义市场经济体制，这个体制最大的作用是可以充分调动各方面的积极性和创造性，优胜劣汰的机制可以促进社会进步，也可以促进经济发展；第二，扩大开放，真正形成外向型与国际市场相衔接的体制，通过开放解决资金管理市场等问题；第三，依靠科技进步提高生产力水平，使产品在国内外市场有竞争力；第四，优化产业结构，广东现在主要下大力气解决交通、能源、通信问题，大约再过三年将可形成铁路、空运、海运、高速公路为骨干的比较先进的运输网络。

（六）广东沿海开放城市建设为进一步推进改革开放提供了示范

改革开放以来，广东省社会经济日益发展，得益于对外开放政策的有效推进，其中沿海开放城市的建设为广东的发展提供了坚实基础。广东得中国改革开放风气之先，采取有效的社会经济发展策略，用好用活特殊政策和灵活措施，促进了广东社会稳定繁荣和经济的高速增长。沿海开放城市设立之初的1983年，广东省社会总产值659.16亿元，地区生产总值（GDP）357.43亿元，国民收入303.26亿元，工农业总产值459.50亿元；到1991年，全省社会总产值3710亿元，地区生产总值（GDP）1689亿元，国民收入1293亿元，工农业总产值3003亿元。

广东省充分利用中央给予的特殊政策、灵活措施和综合改革试验权，带领全省人民坚定不移地坚持改革开放的方针，积极稳妥地进行全方位的改革试验，发展"两头在外"的外向型经济，初步建立起社会主义市场经济体制及与之相配套的制度和法规，并取得开拓性创新与成效，对全国改革开放战略的延伸起到基础性的推动作用，为改革开放的深入和深化提供了有益经验和有效示范。

第一，率先进行市场经济运行机制的试验，加速了广东商品经济的发展。经济特区和沿海开放城市在改革开放中先行一步，成功地实施了特殊政策和灵活措施，极大地解放了社会生产力，在建立和发展市场经济方面闯出了新路。各类商品及劳务活动的要素市场逐步建立和完善，开放、搞活、适度调控、科学配置，促进了经济的全面发展。

第二，通过引进技术，因地制宜地推动全省工业企业技术改造与技术进步。在改革开放中结合本地的实际情况，充分调动各级政府和人民群众的积极性，创造了多种良性循环、发展经济的形式，形成了一批优势产业。从1982年到1985年4月，全省引进生产装配线700多项，引进设备50万台（套），使全省电子、家用电器、轻纺、食品、机械、印刷装潢等得到了行业性的技术改造。全省开发新产品近万个，提高了"广货"在国内外市场的竞争力。

第三，通过利用外资，大力加强能源和交通等基础设施建设。不但把能源、交通作为经济建设本身的需求来发展，而且是作为发展外向型经济的一个重要投资环境来建设。从1979年到1985年9月，全省累计签订各种利用外资合同达5万多宗，实际已投入使用的外资总额达24.76亿美元，居全国各省、市、自治区之首。利用外资的领域遍及工农业、交通运输、邮电通信、能源建设、商业与旅游等各行各业。

第四，外引内联，双向发展，充分开拓国际国内两个市场。在实行对外开放的1978年，广东对外贸易出口总额仅近10亿美元。到1984年，全省出口总额增加到24.2亿美元，增长1.43倍。同时，广东省各有关经济管理部门通过对外开放，引进技术，积极学习与吸收国外现代化经济管理经验，并根据中国的国情加以消化，为我所用。

第五，观念更新快，信息灵敏，成为广东省沿海开放城市快速发展的有利条件和特殊经验。广东省毗邻港澳，面向海外，有着特殊的地理优势。20世纪90年代初，广州市各国各地区的驻穗机构已有700多家，这对于了解世界、及时捕捉国际市场行情、灵活制定应变的政策和措施等都具有特殊的意义和作用。商品意识浓、信息反馈及时、经济发展快，这与广东人观念更新及时、动作灵敏有着极为重要的关系。在大力发展商品经济、促进社会生产力发展、加强物质文明建设的同时，广东同样十分重视精神文明建设。改革开放以来，广东人民尊重知识人才，讲究社会主义新风尚，形成经济效益、价值、竞争、时间等观念以及多元化生活方式，等等。

四

建立经济技术开发区：推进改革开放的重要载体

20世纪中叶以来，开发区在全球的蓬勃发展及其对社会经济产生的积极影响，越来越受到世人的关注和重视。近些年来，在改革开放政策和新技术革命浪潮的推动下，中国陆续创建了经济特区、经济技术开发区、高新技术产业开发区、边境经济合作区、保税区等不同类型和不同层次的开发区，在现代化建设中发挥着重要作用，成为全国经济最为活跃的增长点。

1984年，国务院作出重大决策，要在开放的沿海港口城市设立经济技术开发区，实行经济特区的某些特殊政策，以便大规模地利用国外资金、引进先进技术和管理经验。在这一年，中国开放大连、天津、上海、广州等14个沿海港口城市和海南岛，扩大其权限，给予境外投资者以优惠待遇，同时在其中12个开放的沿海港口城市设立经济技术开发区。这些经济技术开发区开始走上以发展现代工业、吸收利用外资、拓展外贸出口为主的发展道路。20世纪90年代初，温州等第二批经济技术开发区获批；为鼓励外商向中西部地区投资，国务院允许中西部各省、市、自治区在其省会或首府城市选择一个已经建成的开发区，申办国家级经济技术开发区，所以在2000年前后先后批准了合肥等10多个省级开发区升级为国家级开发区；2008年11月，国务院批准启动省级开发区升级为国家级开发区的工作，在这之后，大量的省级开发区加入到国家级开发区的队伍之中。2009年以后，共有189个城市由省级经济技术开发区升级为国家级经济技术开发区，截至2015年9月国家级经济技术开发区的数量达到219个。

（一）从"四窗口"到"三成为、四转变"

自第一批经济技术开发区设立至今，其功能与作用经历了几个阶段的转变，具体如下：

第一阶段（1984—1989）："四窗口"，即技术的窗口、管理的窗口、知识的窗口和对外政策的窗口。1984年，经济技术开发区开始起步，中央参照经济特区既有经验，一方面给予开发区类似特区的某些政策，另一方面明确规定开发区的办区宗旨与特区一样，就是"四窗口"，以期待开发区在特区的基础上实现"接力式"发展，做到起点更高、收效更大。然而，最初的几年实践之后，发现开发区沿袭特区模式赋予开发区"四个窗口"的战略定位，在实践中与预期反差较大，除了天津、大连、广州、青岛等少数开发区以外，大部分开发区发展速度缓慢，技术引进不尽如人意，并没有实现中央所希望的沿海城市继特区之后的"接力式"发展态势。

第二阶段（1989—2004）："三为主、一致力"，即以发展工业为主、以利用外资为主、以出口创汇为主和致力于发展高新技术产业。1989年，全国经济技术开发区工作会议在上海召开，会议明确提出了沿海经济技术开发区"三为主"的发展原则，即以利用外资为主、以发展工业为主、以出口创汇为主，取代了以前"四窗口"的提法。修改功能目的有三个：一是模拟国际投资环境，吸收国际资本和承接国际产业转移的需要，主要是吸引外资、引进先进的制造业、扩大出口、替代先进材料和零部件的进口；二是推广深圳、珠海、汕头和厦门特区的成功经验，建立经济技术开发区是特区成功经验的放大，是扩大对外开放战略实施的重要内容；三是在沿海城市建立经济技术开发区能够充分发挥沿海港口城市的区位优势，能够有机地把对外开放与发挥国内工业基础相结合起来。新的原则的提出修正了过去对沿海经济技术开发区发展期望过高的定位，承认当时应该按照出口加工区的模式循序渐进地发展，开发区主要定位为城市的工业区，而非发展所有城市功能的综合区。在引进外资方面，短期内对于项目的质量也不可能要求过高。开发区新的发展宗旨随之得到了有效的贯彻，开发区进入快速发展阶段。截至1991年底，国家级开发区累计利用外资总额13.74亿美元。1996年沿海14个国家级开发区共实现工业产值1887.86亿元，税收101.45亿元，出口64.19亿美元，合同利用外资额57.88亿美元。1999年前后，国家给首批14个开发区的财政优惠政策到期，开发区利用外资的政策也发生了波动。在新的形势和环境中，开发区开始"第二次创业"，开发区的发展战略在"三为主"的基础上加进了"致力于高新技术产业发展"的内容作为补充。

第三阶段（2004—2011）："三为主、二致力、一促进"，即以提高吸收外资质量为主，以发展现代制造业为主，以优化出口结构为主，致力于发展高新技术产业，致力于发展高附加值服务业，促进国家级经济技术开发区向多功能综合性产业区发展。在国家级开发区创建25周年之际，根据时任国务院总理温家宝的重要批示，国家级开发区发展方针调整为"三为主、二致力、一促进"。国家级开发区新"三为主"发展模式与原"三为主"发展模式在内涵上有重大提升，由"以利用外资为主"转到"以提高吸收外资质量为主"，强调了从追求利用外资的数量向追求质量转变；由"以工业为主"具体到"以发展现代制造业为主"，强调从下游低端的简单组装加工向上游高端核心制造工序、关键零部件、装备制造加工转变；由"以出口创汇为主"转到"以优化出口结构为主"，强调从一般的追求出口数量向提高出口产品附加值、提高高科技和服务型产品再出口的比重转变。"二致力"则由"发展高新技术产业"丰富到"致力于发展高新技术产业、致力于发展高附加值服务业"，是顺应了当时建设创新型国家的发展战略要求，顺应了当时国际服务业发展的潮流，顺应了产业分工高度化演变的规律。增添的"一促进"，即要求改变开发区过去依靠工业单打独斗的路子，承载更加综合的经济功能，以适应国家经济结构调整的要求。可见探求转型升级中的开发区的发展理念、发展定位、发展模式、发展形态都在发生深入变化。[①]

第四阶段（2011—2015）："三并重、二致力、一促进"。2011年，国务院在《国民经济和社会发展第十二个五年规划纲要》中，指明了国家级经济技术开发区在"十二五"期间的内涵诠释和调整取向为"三并重、二致力、一促进"。"三并重"是指先进制造业与现代服务业、利用境外投资与境内投资，以及经济发展与社会和谐三个方面的并重；"二致力"是指致力于提高发展质量和水平，致力于增强体制机制活力；"一促进"是指促进国家级经济技术开发区向以产业为主导的多功能综合性区域转变。

第五阶段（2015年至今）："三成为、四转变"。2014年9月，时任国务院副总理汪洋在全国国家级经济技术开发区工作会议上强调，新时期开发区的内涵诠释和调整取向要适应全面深化改革、扩大开放的新形势，推动开发区实现"四转变"，使开发区成为构建开放型经济新体制的"探路者"和培育产业竞争新优势的"顶梁柱"。紧接着，12月国务院出台《关于促进国家级经济技术开发区转型升级创新发展的若干意见》，指明了设立国家级开发区的主要功能定位是"三成为、四转变"。"三成为"：一是成为带动地区经济发展和实施区域发展战略的重要载体，二是成为构建开放型经济新体制和培育吸引外资新优势的排头兵，三是成为科技创新驱动和绿色集约发展的示范区；"四转变"：由追求速度向追求质量转变，由政府主导向市场主导转变，由同质化竞争向差异化发展转变，由硬环境见长向软环境取胜

---

① 黄宁：《我国开发区功能调整取向分析》，《商业经济》2015年第7期，第37—38页。

转变。

经过多年的发展，广东经济技术开发区作为改革开放的重要窗口和基地，是对外开放和国际贸易的桥头堡，在引进外资、发展经济、扩大出口创汇等方面，发挥了积极的作用，取得了令人瞩目的成绩。在体制改革和对外开放中也发挥着窗口、辐射、示范和带动作用。

（二）广东首批经济技术开发区的建立和发展

广州经济技术开发区和湛江经济技术开发区是国务院批准成立的首批14个国家级经济技术开发区其中的两个，也是广东省建立的首批经济技术开发区。广州经济技术开发区和湛江经济技术开发区分别于1984年12月5日和11月29日经国务院批准设立。

1984年4月26日，广州成立经济技术开发区筹备小组，对开发区的选址、总体规划、近期计划、引进项目选择以及机构组建等制定了工作方案。6月8日，在省、市领导陪同下，时任国务委员谷牧视察了广州开发区的选址，听取了制定《广州开发区规划大纲（草案）》的情况汇报。6月9日，谷牧在听取广州、湛江两市负责人汇报时指出，广州开发区不能再搞一般的引进加工业，而要搞技术密集型、知识密集型的工业。[①]6月19日，广州市委、市政府批准成立开发区管理委员会，陆续抽调干部，实施兴建开发区各项计划。经省、市领导和经济、金融管理、规划、建筑工程技术等方面的专家反复比较和论证，确定了开发区选在黄埔区东缘、珠江和东江干流交汇处。8月，经广东省委、省政府批准，《广州开发区规划大纲》作为广州市总体规划的一个组成部分，上报国务院审批。12月5日，国务院批复广东省政府《关于做好广州市对外开放工作的报告》，同意广州市在抓好老企

---

①　中共广东省委办公厅编：《中央对广东工作指示汇编（1983年—1985年）》，第166页。

业技术改造的同时，有计划、有步骤地兴办经济技术开发区。批复要求广州市在进一步对外开放中，充分发挥自己的有利条件，运用中央给予的权限和优惠政策，更好地利用外资，努力引进先进技术，推动科技进步，加速生产建设，进一步开拓国际市场。同时，要加强与腹地的协作，为广东全省和中南地区的经济发展服务。广州经济技术开发区位置定于黄埔区东缘、珠江和东江干流交汇处，总面积为9.6平方公里，首期开发夏港两侧，面积为2.6平方公里。12月28日，广州经济技术开发区举行奠基典礼，正式揭开了建设序幕。开发区的指导思想是：优先发展与科研生产相结合的新技术工业，协调发展教育、商业、贸易、居住、旅游等服务设施。

开发区地理位置优越，离广州市中心32公里，南与番禺莲花山隔江相望，西与五山、石牌高等教育科技区相邻，东南毗邻港澳，水路直达香港为88海里（1海里=1.852千米，下同），东面距深圳114公里，与珠海相距150公里。这里地势平坦开阔，有大片土地可供开发利用；水路交通便利，拥有铁路、公路、海运、空运等多种交通条件；附近有黄埔发电厂，东邻东江新塘水厂，可提供充足的生活、生产用水；南端的黄埔港和新港是中国重要的出口港之一。优越的地理条件使开发区具备良好的投资环境和市场条件。

开发区的兴办宗旨和建设目标是：从广州市经济结构的特点和优势出发，引进国外资金、先进技术、现代化的管理方法和专业技术人才，开发新技术、新产品，为全市、全省和内地企业的技术进步服务。开发区的建设项目强调技术的先进性和现代化水平，其目标是要建设一个现代化的花园式的科技、生产、经营相结合的新技术工业城区，成为广州引进、消化、推广和开发新技术的基地。

开发区按照不同的功能，划分为6个小区。为加快开发区的建设速度，国家和省、市有关部门陆续在开发区内设置派出机构，为国内外的投资者提供业务上的方便。银行、海关、边防检查、商品检验以及工商登记、税务等在区内设立办事机构，开展业务。根据国家有关扩大自主权的规定，开发区给予前来投资、合作和进行贸易活动的国内外人士、企业提供一系列的优惠待遇。开发区管理委员会根据市政府的授权，参照经济特区的规定，审批外资引进项目，为投资者提供方便、快捷的服务，并按照有关条例、法规保障投资者的合法权益。在省、市有关部门的支持帮助下，先后拟定开发区暂行条例以及技术引进、土地管理、工商税收、企业劳动工资管理、企业登记管理等7个规章草案，上报市政府审批后颁布施行。

国家、广东省和广州市对广州经济技术开发区的建设十分重视。国家给予2.35亿元开发性贷款；广东省专门从财政上拨款3000万元作为开办费，这是全国其他沿海城市开发区所没有的（其他只有从银行贷款）；广州市给予1.05亿元的财政补贴（1989年以前的总数）和1.85亿元的银行贷款。开发区遵循"开发一片、建成一片、逐片开发"的指导思想。首期开发南围综合区和港前工业区共2.6平方公里，然后滚动开发。到1987年底，广州开发区累计完成基本建设投资4.65亿元，兴建了一大批厂房及配套设施，共批准各类投资项目合同198个，投资总额6.03亿元。其中，外商投资企业48个，投资总额4.67亿元，实际引进外资1.32亿元。引进比较好的企业有美特容器厂，是当时全国十家最大的合资企业之一。此外，开发区还批准内联、自营项目。到1991年底，经过8年的开发建设，全区累计完成基本建设投资20.23亿元，在已开发的5平方公里的土地上，实现"七通一平"，签订外引、内联生产性项目399个，合同投资总额34.49亿元，完成工业总产值532802万元，实现利润76837万元，美国、加拿大、日本以及中国台湾等15个国家和地区的客商在开发区投资办厂。广州经济技术开发区由昔日只有3间集体小厂的乡村，变成了广州对外开放的窗口和试验基地。

1984年11月29日，国务院批复广东省政府《湛江市对外开放工作的报告》，同意在湛江市兴办经济技术开发区。湛江经济技术开发区设在赤坎和霞山之间，总面积为9.2平方公里。根据"全面规划，分片开发，建成一片，收效一片"的方针，头三年主要集中力量建设了0.9平方公里的起步区，完成基本建设投资2835万元，实现"五通一平"（通路、通水、通电、通信、通气、土地平整），竣工的工业、民用建筑10万平方米，逐步形成了较好的投资环境。到1987年，正式投产的项目有29个，其中有10家是投资规模较大、技术水平较高、开拓国际市场前景较好的骨干企业。

（三）加入WTO推动经济技术开发区建设再上一个新台阶

2001年底，中国加入WTO（世界贸易组织），迎来了全面对外开放的新局面。伴随着国民待遇、公平竞争等世贸原则渗入到我们正在建立和完善的市场经济体制，中国成功地融入世界经济。用当时的话来说，也就是与国际规则全面接轨。对外开放的地域也从东部沿海地区和省会城市扩大到全国，经济技术开发区本身的工作内容也出现了从产业集聚走向产城融合的新特点，所以将此作为第二阶段和第三阶段划分的时点。

2002年6月6日，根据广州市委、市政府和机构编制委员会的文件，广州经济技术开发区与广州保税区合并，挂广州经济技术开发区、广州高新技术产业开发区、广州出口加工区、广州保税区4块牌子，实行"四区联动，管理统一"，由合并后的广州经济技术开发区党委、管理委员会对四区实行统一组织领导和管理。7月12日，日本本田汽车公司在广州经济技术开发区出口加工区建立出口基地，广州市、东风公司、日本本田公司三方就本田轿车项目，在京签署了《在广州建立Honda轿车出口基地项目合作意向书》。该出口基地拟由上述合作三方共同出资在广州出口加工区建设，起步规模为年产5万辆，产品100%出口。

　　2003年8月6日至8日，在广州南沙经济技术开发区召开由广州市人民政府主办、开发区建设指挥部协办的广州临港工业基地国际研讨会。在为期3天的研讨会中，举办了"光电子技术论坛""钢铁和造船行业论坛""汽车及机械装备行业投资论坛""物流行业投资论坛"和"化工行业投资论坛"等5个专题论坛。8月28日，经过半年多的建设，广州市重点工程之一的夏港大道延长线工程正式通车。夏港大道延长线与广园快速路直接相连，全长6.3公里，投资额4.9亿元人民币。它的建成通车，使广州经济技术开发区到市区的车程缩短了将近30分钟。9月18日至20日，首届中国·惠州大亚湾发展推进会召开。时任中共广东省委副书记欧广源、副省长雷于蓝，中国开发区协会会长刘培强以及省、市有关部门领导和70多位中外记者、20多个国家和地区的1000多名嘉宾出席了推进会，会上共签约41个项目，涉及投资金额达29亿美元。

　　2004年1月8日，世界知名的食用油类加工和贸易企业——益海（广州）粮油工业有限公司与广州经济技术开发区正式签订了72489平方米用地合同，项目总投资达5600万美元。7月21日，国务院第五十九次常务会批准了惠州大亚湾经济技术开发区的1200万吨炼油和80万吨乙烯项目，对今后珠江三角洲和广东的发展具有重大的推动作用。

　　2006年6月26日，经国务院批准，商务部、国土资源部、建设部联合签发《关于同意扩大湛江经济技术开发区规划范围的复函》，同意湛江经济技术开发区在广东湛江市东海岛扩大用地规划面积10平方公里。

　　2007年3月29日，时任国家商务部副部长廖晓淇一行考察了广州经济技术开发区。他听取开发区的汇报后，指出开发区应不断探索创新之路，更加强化和发挥好开发区的功能和作用，努力实现与行政区的优势叠加良性互动。12月19日至21日，由中国开发区协会主办、惠州大亚湾经济技术开发区承办的全国开发区信息化工作经验交流座谈会在广东省惠州市举行。中国开发区协会秘书长林铁夫、信息培训部主任梅彦川以及来自全国40家国家级、省级经济技术开发区负责信息化工作的同志共计61人参加了本次会议。12月21日，国内规模最大的专业国际食品展示与交易中心在广州保税区开业，该中心实行展示、交易、进口、销售"一条龙"的经营模式。12月25日，2007年国家级经济技术开发区投资环境综合评价体系研讨会在广州经济技术开发区顺利召开。

（四）全面对外开放新格局下经济技术开发区呈现新发展

党的十八大以来，以习近平同志为核心的党中央高举改革开放旗帜，以更大的政治勇气和智慧推进改革，用全局观念和系统思维谋划改革，推动新一轮改革大潮涌起。

2010年3月，广东省贯彻落实《珠江三角洲地区改革发展规划纲要（2008—2020年）》，增城经济技术开发区获国务院批准升级，创新利用外资方式，优化利用外资结构，致力于发展高新技术产业和高附加值服务业，着力提高开放水平，完善体制机制，提高创新能力，严格实施土地利用总体规划和城市总体规划，合理集约节约利用土地资源，充分发挥开发区辐射、示范和带动作用。增城经济技术开发区的云计算、云仓储、物联网、新能源、新材料、电动汽车、高端装备等一大批战略性新兴产业的"龙头"项目呈现出迅猛发展势头。2012年3月，珠海高栏港经济区被国务院批准升级为国家级经济技术开发区，定名为"珠海经济技术开发区"，成为珠江口西岸第一个国家级经济技术开发区。珠海经济技术开发区拥有珠江口西岸唯一深水港资源，可建1万吨至30万吨级泊位150多个，年吞吐能力2亿吨以上。

国家级经济技术开发区作为区域经济发展的桥头堡和重要载体，

发挥着不可或缺的重要作用。新常态下，经济技术开发区突出比较优势，加快构建现代产业体系、完善机制，激发了区域创业创新活力，成为带动地区经济发展和实施区域发展战略的重要载体，成为构建开放型经济新体制和培育吸引外资新优势的排头兵，成为科技创新驱动和绿色集约发展的示范区。截至2018年，广东省拥有国家级经济技术开发区6个，包括湛江经济技术开发区、广州经济技术开发区、惠州大亚湾经济技术开发区、广州南沙经济技术开发区、增城经济技术开发区、珠海经济技术开发区，如下表所示：

广东省国家级经济技术开发区一览表

国家级开发区名称	批准时间	核准面积（平方公里）	主导产业
湛江经济技术开发区	1984.11	19.20	钢铁、石油化工、特种纸
广州经济技术开发区	1984.12	35.58	电子及通信设备、化工、汽车
惠州大亚湾经济技术开发区	1993.05	23.60	石化、电子、汽车
广州南沙经济技术开发区	1993.05	27.60	航运物流、高端制造、金融商务
增城经济技术开发区	2010.03	5.00	汽车及零部件、电子信息、装备制造
珠海经济技术开发区	2012.03	15.88	石化、清洁能源

　　广东6个国家级经济技术开发区成立以后，充分发挥政策优势，深入推进改革开放，实现了快速发展，均成为各城市以及广东经济发展的重要增长极。

　　广州经济技术开发区自成立以来，保持了较高的发展速度，成为广州经济增长的重要发动机。1991年广州经济技术开发区的工业总产值为22.6亿元，仅占广州工业总产值的3.91%，到2002年已经达到541亿元，在广州市的比重上升至14.29%，占广州市的GDP的比重也由2.79%上升至7.64%。2002年实现"四区合一"以后，又延续了快速增长的势头，2003年广州开发区工业总产值为895.9亿元，在广州市的份额为19.04%，到2016年上升至5776亿元，在广州市的份额已经达到27.34%；在此期间广州开发区GDP在全市所占份额也由11.26%上升至12.64%，2016年达到2471亿元。作为广州开发区依托的黄埔区，目前世界500强企业投资项目达到170多个，约占全市60%。

广州南沙经济技术开发区成立以后也取得了骄人的发展成绩。从2003年至2016年，南沙开发区GDP由41.26亿元上升至1278.76亿元，在广州市的比重由1.1%上升至6.54%，工业总产值由76.48亿元上升至3055.63亿元，在广州市的份额也由1.63%上升至14.46%。

增城经济技术开发区自2010年升级为国家级经济技术开发区后，重点发展汽车及新能源汽车、汽车零部件、电子信息、高端装备制造、新能源和节能环保、生命健康、新材料、电子商务与物联网等产业，2010年的规模以上工业总产值为339亿元，2015年上升至671.4亿元，在增城的比重也由22.6%上升至32.7%。

珠海经济技术开发区自2012年升级为国家级经济技术开发区后也保持了稳定的增长，重点发展石油化工、装备制造以及清洁能源等先进制造业。2012年至2017年，珠海经济技术开发区的规模以上工业总产值由625.7亿元上升至998.9亿元，在珠海的比重由20.61%上升至21.47%，GDP也由195.2亿元上升至274.5亿元，2017年在珠海的占比达到10.7%。2017年，珠海开发区高栏港港口吞吐量达到12219万吨，比2012年的3883万吨有了大幅度的上升，占全市的比重由50.14%上升至89.94%，集装箱吞吐量占全市的比重也由2012年的30.32%上升至2017年的77.97%。

　　惠州大亚湾经济技术开发区在成立之初经济总量很小，经过20多年的发展，大亚湾开发区已成为石油化工、电子信息、汽车零部件等装备制造业优势产业集聚发展的珠江口东岸重要的临港工业基地。1995年大亚湾开发区GDP仅为6亿元，占惠州的比重为2.61%，2000年达到14.4亿元，在全市的占比也上升至3.28%，到2017年大亚湾开发区GDP已经上升至505.1亿元，在惠州的比重升至13.19%。2000年大亚湾开发区的规模以上工业总产值为12.6亿元，2016年上升至1313.8亿元，几乎上升了100倍，在惠州的占比也由2000年的1.92%上升至2016年的17.25%。

　　湛江经济技术开发区近年来也增长较快，其拥有工商企业2500多家，包括宝钢、中石化、中海油、中国诚通、中国铁建、可口可乐、百事可乐、兴业银行等8家世界500强企业和一批世界知名企业，钢铁、石化、造纸三大支柱产业发展迅速。2011年湛江开发区GDP为158.3亿元，2017年达到368.13亿元，在湛江的比重由9.21%上升至13.04%。2011年湛江开发区工业总产值达到227.8亿元，2016年上升至442.9亿元，在全市的比重由11.93%上升至15.31%。

　　广东省在全面对外开放新格局下的新发展阶段，积极推进体制机制创新、深化行政管理体制改革、建立经济技术开发区评估标准体系。为深入贯彻落实《国务院办公厅关于促进国家级经济技术开发区转型升级创新发展的若干意见》精神，进一步推动国家级经济技术开发区转型发展，广东省牢固树立创新、协调、绿色、开放、共享的发展理念，进一步明确新常态下经济技术开发区发展定位，按照转变发展方式、实施分类指导、探索动态管理的原则，通过创新兴办模式、管理方式和完善考核评价体系等推动经济技术开发区加快转型，促进平衡协调发展，努力把经济技术开发区建设成为带动地区经济发展和实施区域共同发展战略的重要载体、构建开放型经济新体制和培育吸引外资新优势的先行地、科技创新驱动和绿色集约发展的示范区。

　　为促进经济技术开发区的转型升级、优化产业结构和布局，广东省以提质增效为核心，不断提高经济技术开发区信息化水平，推动园区整合发展，推动贸易模式创新，加强珠三角与粤东西北经济技术开发区合作；在以"创新驱动发展"的时代背景下，努力增强经济技术开发区科技创新驱动能力，推动金融创新，加强人才体系建设。

（五）经济技术开发区建设促进改革开放向纵深发展

1. 由打造政策洼地向着力改善营商环境转变

中国经济技术开发区设立的初衷是，在划定明确范围的区域内实行优惠政策以吸引和利用外资，但进入21世纪以后，开发区的优惠政策相继弱化：2001年中国加入WTO后，由于全方位的开放和国民待遇原则的引入，国家赋予开发区的各种开放政策逐步弱化；部分开发区享受的中央财政优惠政策相继到期；2007年《国土资源部监察部关于落实工业用地招标拍卖挂牌出让制度有关问题的通知》明确了工业用地必须招标、拍卖、挂牌出让，这也抑制了开发区通过低价格的土地招商引资的做法；2008年施行的《中华人民共和国企业所得税法》，取消了中国范围内企业所得税的差异，实行统一的税率，开发区不再是突出的税收洼地。在此背景下，经济技术开发区着重通过建设国际化、法制化的营商环境来形成自身新的竞争优势。这方面，广州经济技术开发区成绩比较突出，主要表现在两个方面：

第一，通过推进商事制度改革改善营商环境。近年来，广州开发区积极推动"创新行政管理方式，加强事中事后监管"和"相对集中行政许可权"这两项省级改革试点，进一步打造了审批"开发区速度"。为有效破解企业投资审批慢，广州开发区在全省成立首个行政审批局，对跨部门、互为前置的审批环节实行全链条"系统式"整合，将跨部门的沟通变为一个部门内部协调，集中行使38项审批权，企业投资项目审批时间从原来110个工作日压缩到最快30个工作日。广州开发区积极推进技术审查与行政审批相对分离，涉及规划、建设、环保等10个区级部门的技术审查部分交由第三方专业机构承担，企业申报材料从原来312项减到184项，减少4成以上。广州开发区是广州首个放开企业住所登记条件创新的试点地区，2017年新设商事主体同比增长100%。强化事中事后监管，广州开发区建立了审批监管大数据平台，多个职能部门间的数据信息可以互通共享、分析应用。①

第二，广州开发区打造知识产权保护高地。2016年7月，黄埔区获国务院批准成为全国首个知识产权运用和保护综合改革试验田。黄埔区努力打造具有世界影响力的知识经济高地。一是培育知识产权生态价值链。构建完善的知识产权服务、保护、交易和运营机制，集聚国家知识产权局专利局专利审查协作广东中心、广州知识产权交易中心、广州产权交易所、汇桔网、知识产权众创空间、知识产权法院等一大批知识产权重点项目，把知识产权"生态价值链"拉长延伸、做实做大，把黄埔区知识产权改革试验区打造成为"世界一流、国内领先"的高端品牌。二是推出知识产权10条政策。对新落户黄埔区的服务机构总部企业可给予800万元重奖，加大对知识产权运营机构、知识产权质押融资、专利交易、知识产权产投债基金、版权交易和知识产权维权的奖励力度，吸引更多的知识产权运营机构入驻，激发知识产权创新创造活力。②

---

① 王军:《黄埔区广州开发区改革创新发展情况综述》,《广东经济》2017年第11期,第72—76页。

② 王军:《黄埔区广州开发区改革创新发展情况综述》,《广东经济》2017年第11期,第72—76页。

2. 由建设产业孤岛向推进产城融合转变

传统的经济开发区是在相对独立的环境下发展的，过度重视开发区的生产发展功能，不仅导致城市就业分布与居住分布的空间分离，而且带来产业比重偏高而生活配套不足的问题，在一定程度上，开发区成了一个"孤岛"，随之也产生了通勤、购物、就医、教育等社会问题。近年来，人们逐渐开始反思中国工业化与城镇化的分离及产城融合对于产业发展以及城镇化深入推进的重要作用。高新技术产业对人才的依赖性非常高，而人才对生活和工作的环境要求又很高，因此高品质的城市生活和就业环境成为高新技术产业发展的重要条件。为了保证可持续发展，部分开发区逐步走上产城融合的道路。2005年，广州萝岗区的成立就是广州开发区由"孤岛"向城区转变的开始。广州开发区最初是一个单纯的经济功能区，没有民生、民政相关部门，即使成立萝岗区以后，其与广州中心区仍相距较远，原先的规划也仅仅是产业区，公共配套还不够完善，缺乏人气。2014年，萝岗区与黄埔区的合并才真正进一步推动了广州开发区的产城融合。在2005年萝岗成立以后，广州开发区户籍人口为16.37万人，2013年上升至20.91万人，常住人口由19.6万人上升至2013年的39.61万人；与黄埔区合并以后，2017年常住人口达到109.2万人，形成了较大规模的城市居民群体，为下一步的产城融合奠定了坚实基础。城市发展的一个重要特征就是服务业占比较大。近年来，广州开发区服务业发展迅速，2005年广州开发区第三产业增加值占比仅为20.5%，2017年上升至35%，而此时整个黄埔区的第三产业增加值已经达到40%，2016年广州开发区社会消费品零售总额也达到了612亿元，占全市的7%。广州开发区日渐成熟的居住氛围，吸引了大量的房地产投资，大型商业综合体项目不断涌现。仅在广州科学城板块，就有万达广场、优托邦、绿地中央广场等超过10个商业综合体，东部新商圈正在崛起。黄埔区的宝能国际体育演艺中心已经是广州人娱乐的"新地标"，可比肩天河体育中心。2016年，国家发展和改革委员会（简称"国家发改委"）下发《关于支持各地开展产城融合示范区建设的通知》，确立了全国首批58个产城融合示范区，广州市黄埔产城融合示范区被纳入其中，是广州市唯一获批建设的国家级产城融合示范区。未来黄埔区、广州开发区还将改扩建并引进一批中小学，完善的医疗卫生服务体系也正在形成。

此外，南沙经济技术开发区的产城融合也在逐步推进，2017年末常住人口已经达到72.5万人，户籍人口已经达到41.5万人，而2003年户籍人口仅有3.2万人。2003年南沙第三产业增加值在GDP中的占比为19.2%，2017年为34.7%，社会消费品零售总额也达到214亿元。南沙的居民社区也正在成熟完善之中。

3. 由以引进外资为主向内外资并重转变

经济技术开发区最初的目的是引进外资、发展外向型经济，利用外资是开发区发展的主要动力。经过几十年的发展，外向型经济带动国内经济发展和加快城市化进程的同时，也暴露出了一些问题，如持续多年的开放使得外商投资企业已经占到国内经济不可忽视的比例，各地区对外资产生了某种依赖，为争夺外资，各地出现争相降价、无序和恶性竞争等现象，导致国家整体利益流失。

因此，为了消除单纯发展外向型经济的弊端，一些开发区从单纯重视外资企业转变为内外资企业并重，鼓励民营经济入驻发展，避免外向型经济结构的脆弱性和不稳定性，增强开发区工业发展的可持续性；培育根植性产业，做大做强本地产业链条，培育地方创新网络，将外向型经济与内生性的经济结合起来，保持经济的稳定增长。如广州开发区从外资企业起步，但是现在引入了大量国内有实力的企业，其引进的雪松控股是2018年《财富》世界500强企业。2015年以来，雪松控股集团在黄埔区、广州开发区先后成立了雪松控股集团有限公司、广州联华实业有限公司等20多家公司。2017年，雪松控股集团总部大楼在广州科学城动工，投资总额逾10亿元，将成为未来广州科学城地区的地标性建筑。未来，黄埔区、广州开发区更多的明星企业将有可能在生物医药领域产生。迈普医学的"睿膜"是全球首个生物3D打印人工硬脑膜产品，中国首个进入全球高端市场的再生型植入类医疗器械产品；在药物研发领域，锐博生物致力于钻研基因沉默技术，建立了国内首条寡核酸cGMP生产线（即核酸药物生产车间）。还有已经完成试验的亿航无人飞行器、景驰无人驾驶汽车，本土民营企业在这里也开始茁壮成长。

4. 在立足本地开发的基础上寻求外部发展空间

随着经济技术开发区的不断发展，开发区范围内产业高度集中，发展空间逐步受到限制，而开发区管理团队的经济技术开发和管理的经验也更加丰富，招商的网络更加发达，形成了自身的优势和资源。因此，很多开发区一方面向周边拓展发展空间，另一方面在其他城市寻找"飞地"。珠三角的一部分国家级经济技术开发区就是在与粤东西北地区对口帮扶和产业共建的过程中拓展了自己的发展空间。

一个比较突出的案例，就是广州开发区与清远市合作共建的广清产业园。广清产业园是按照广东省委、省政府实施的振兴粤东西北战略的相关要求，由广州市和清远市合作共建的产业帮扶园区，位于清远市清城区石角镇、广州市花都区赤坭镇、佛山三水区大塘镇交界处，总规划面积30平方公里，首期规划面积13.6平方公里，2014年开始启动，广州方面具体由广州开发区来对接落实。广州开发区充分利用其园区经营的品牌优势，广清产业园的招商成绩突出，截至2017年底，园区已与欧派、立邦、富强等166个项目签约入园，计划总投资611亿元。此外，广州方面的管理团队在广清产业园复制了广州开发区的运营模式，比如广清产业园采取"充分授权、封闭运作"的管理模式，"设立独立金库，一级财政审批"的财政体系，"办事不出园"的一站式服务体系，大幅度提升了园区的建设和运营效率。在总结广清产业园已有建设经验的基础上，2018年1月，广州开发区与清远市佛冈县签署了合作开发广清产业园B区（汤塘园区）协议，确立了"互利共赢、利益共享"的合作开发新模式，打造广清一体化产业布局的典范。从原来的对口帮扶合作模式转变为"互利共赢、利益共享"的合作开发模式，进一步激发两市产业共建活力，共同打造中新广州知识城、广州科学城、广州国际生物岛的拓展区，建设"同品牌、同环境"的高水平园区。

除广清产业园之外，广州南沙（蕉岭）产业转移工业园、广州增城（梅县）产业转移工业园也是广州开发区在完成帮扶任务的基础上向外拓展发展空间的例子。

作为改革开放的产物，经济技术开发区也必将在进一步扩大改革开放的进程中扮演重要的角色，发挥重要的影响。一是继续充当地区经济发展的重要增长极，对区域经济发展起到重要的引领作用。2003年7月，全国开发区清理整顿结果显示，全国各类开发区总数为6866个，规划面积3.86万平方公里，这些开发区到2006年年底被中央核减至1568个，规划面积压缩至9949平方公里。2008年国际金融危机爆发以后，为了应对国际经济波动风险，保障经济持续稳定增长，国家陆续批准数十家省级经济技术开发区升级发展规划，赋予了开发区更高的发展定位，提出了更高的发展要求，同时为各地区加快发展提供更好的平台。各类经济开发区也必将继续承担地区经济发展重要增长极的功能，成为拉动区域经济增长的龙头。

二是推动战略性新兴产业发展与区域产业结构优化。在转变经济发展方式与产业转型升级的大背景下，2010年国务院出台《关于加快培育和发展战略性新兴产业的决定》，明确提出战略性新兴产业增加值占中国GDP比重在2015年和2020年要分别达到8%和15%的战略目标。此后，各地区也纷纷制定产业发展规划，将战略性新兴产业的培育作为推动区域产业结构优化的重要途径。经过多年的发展，各类经济开发区特别是高新区已经成为资本和技术密集型产业分布最为集中的空间，已经形成了较好的产业发展基础，新能源、新材料、新一代信息技术、生物制药、高端装备制造和节能环保等战略性新兴产业也呈现出良好的发展态势。今后，通过加快发展模式的转型升级，各类经济开发区将在更高的平台上为中国战略性新兴产业和高新技术产业的发展创造有利条件，提供更好的载体，进一步增强自主创新能力，促进中国制造向中国创造转变，不断提高中国产业的核心竞争力。

三是有助于提升对外开放的层次水平。改革开放以来，中国一直高度重视扩大出口在经济发展方面的重要作用，出口成为拉动中国经济快速增长的重要力量。在推动出口的同时，各地区也努力吸引外资，通过引进国际资本、先进的技术与管理经验来为本地经济发展服务，取得了较好的效果。党的十九大报告指出："中国开放的大门不会关闭，只会越开越大。要以'一带一路'建设为重点，坚持'引进来'和'走出去'并重，遵循共商共建共享原则，加强创新能力开放合作，形成陆海内外联动、东西双向互济的开放格局。"① 各类经济开发区一直以来都是中国利用外资和扩大出口的重要基地，也是各类外商投资企业分布最为密集的空间单元，聚集了大量国际化资本、人才和先进的技术等稀缺要素资源，完全可以在构建对外开放新格局中发挥更重要的作为。特别是各地国家级和省级经济技术开发区升级要更好地发挥对外开放的"窗口"功能，在总结已取得的对外开放成功经验的基础上，不断探索新形势下"引进来"与"走出去"的新模式，不断提升中国对外开放的层次水平。

四是有助于推动区域自主创新能力提升。目前各地经济开发区基本上已形成了各自的主导产业体系，基于产业前后向与旁侧关联的本地产业网络也较为发达。产业网络内的长期交易联系有利于企业之间

---

① 习近平：《决胜全面建成小康社会 夺取新时代中国特色社会主义伟大胜利——在中国共产党第十九次全国代表大会上的报告》，人民出版社2017年版，第34—35页。

的技术创新合作，作为产业龙头的大企业利用自己在资金、人才、信息等创新资源上的优势，积极地进行技术创新，然后通过产业分工网络将创新成果和创新资源向中小企业扩散，从而促进经济开发区整体技术创新能力的提升。除了企业之间的合作创新外，各地经济开发区也基本形成了由行业组织、政府组织、网络平台、企业孵化器、大学以及研究机构等所组成的企业技术创新支撑网络。据不完全统计，目前广东省各类经济开发区设立了高新技术创业服务中心、留学归国人员创业园、软件科技园、专业技术型企业孵化器、国际企业孵化器等各种类型的创业与创新扶持机构。这在很大程度上降低了创业者的创业成本和创业风险，为培育科技型企业和创新型产业发挥了重要作用。可见，经济开发区是区域创新系统的重要组成部分，是稀缺的创新资源的集聚中心，有效地支撑了地区创新产业发展，推动了区域创新能力的提升，必将在"建设创新型国家"新征程中发挥越来越重要的作用。

五是充当新发展模式和发展机制的试验区。经济新常态的到来是国内外市场环境发生变化的结果，当前中国正处于从经济高速增长向高质量发展转变的关键时期，而实现这一转变的根本方法在于全面深化改革，特别是深化经济体制改革。党的十八届三中全会系统地勾画了"全面深化改革"的宏伟蓝图，并就中国未来经济社会发展的重要问题提出了60项改革任务。与以往历次改革一样，这次改革的重点仍然是经济体制改革，涉及的内容包括坚持和完善基本经济制度、加快完善现代市场体系、加快转变政府职能、深化财税体制改革、健全城乡发展一体化体制机制、构建开放型经济新体制。同时，在"推进社会事业改革创新"中还有健全促进就业创业体制机制、形成合理有序的收入分配格局、建立更加公平可持续的社会保障制度；再加上生态文明建设中的相关论述。十八届三中全会涉及经济体制改革的任务共有八大方面，约30条，占到全面深化改革任务的一半以上。总体而言，经济新常态下中国正以创新驱动为核心推动新一轮新发展模式和发展机制转变，在这个全面深化改革的大背景下，各类经济开发区未来势必要承担起新一轮改革开放"试验田"的历史使命，大胆探索，先行先试，全面推进政治、经济、社会、文化和生态管理体制机制变革，努力践行创新、协调、绿色、开放、共享五大新发展理念，率先在重要领域和关键环节改革上取得突破，引领区域发展模式的转变。

五

设立自由贸易试验区：改革开放的新起点

　　相对于经济特区的设置，自由贸易区更强调与全球经济的主动接轨，从商品生产、贸易到投资、金融、技术贸易等领域的全面开放，既可以在自由贸易区域内尝试推动本国经济运行更好地与国际衔接，也可以立足于自身创新探索更为便利有效的管理制度，通过面向国际市场的改革，更有效地为本国经济的国际化提供制度建设保障。

　　改革开放是中国40年来的主线，如何开放则更强调“摸着石头过河”。改革开放初期就有人提出设立“自由港”的设想，但无论是经济体制的对接还是管理能力的要求，都不允许中国急促推进对外开放。1990年9月8日，中央正式批准设立全国第一个保税区——上海外高桥保税区。1990年6月12日，时任上海市市长朱镕基访问香港时指出：“和现有的经济特区和经济技术开发区相比较，浦东开发开放有四个特点。第一个特点，我们以建立一个‘自由港’为目的，建立一个保证商品、人员、商船关税豁免，自由出入的自由贸易工业区。在这个区内，可以允许外商来进行转口贸易，发展批发业。这一点在其他经济特区是没有的。”[①]　由此开始，中国的海关特殊监管区域不断发展，已拥有保税区、出口加工区、保税物流园区、跨境工业园区、保税港区、综合保税区等6种类型。截至2017年底，中国共建立了133个海关特殊监管区域。

---

　　①　朱镕基：《上海要进一步向世界开放》，《朱镕基上海讲话实录》，人民出版社2013年版，第489页。

　　中国自由贸易区是指在国境内、关外设立的，以优惠税收和海关特殊监管政策为主要手段，以投资和贸易自由化、便利化为主要目的的多功能经济性特区。原则上是指在没有海关"干预"的情况下允许货物进口、制造、再出口，对资本营运实施更为自由宽松的环境，吸引全球的人才和技术全面进入，核心是营造一个符合国际惯例的，为内外资的投资提供一个具有国际竞争力的国际商业环境。

（一）自由贸易试验区分四批次设立

　　2008年国际金融危机以来，中国把握好发展机遇，经济发展全球一枝独秀，作为全球最具有发展潜力的市场，不仅对国际资本的吸引力不断增强，同时获得的国际市场份额也不断提高。面对国内外的发展形势，自2013年中国设立第一个自由贸易试验区以来，自由贸易区承载着加快政府职能转变，探索管理模式创新，促进贸易和投资便利化，为全面深化改革和扩大开放探索新路径、积累新经验的历史责任。

　　中国先后分四批次设立了共12个自由贸易试验区。

　　中国（上海）自由贸易试验区，是2013年设立的中国第一批次自由贸易试验区。本着以试点积累经验并逐步推广的做法，2013年中国开设自由贸易试验区，第一批唯一一个自由贸易试验区选址上海。自由贸易试验区的范围涵盖上海外高桥保税区、上海外高桥保税物流园区、洋山保税港区和上海浦东机场综合保税区、金桥出口加工区、张江高科技园区和陆家嘴金融贸易区，共120.72平方公里。中央对上海自由贸易试验区提出的主要任务是，紧紧围绕面向世界、服务全国的战略要求，按照先行先试、风险可控、分步推进、逐步完善的方式，把扩大开放与体制改革相结合，把培育功能与政策创新相结合，形成与国际投资、贸易通行规则相衔接的基本制度框架。具体而言，就是通过加快政府职能转变，扩大投资领域的开放，推进贸易发展方式转变，深化金融领域的开放创新，以及完善法制领域的制度保障，为中国的未来改革开放探索新的路径。作为中国设立的第一个自由贸易试验区，上海自由贸易试验区瞄准国际最前沿的经济发展模式，在充分研究和掌握国际相关协议的基础上，从政府职能设置、国际资本管理、投资贸易便利化等方面进行积极探索，做到既符合国际通行法律协议，又符合中国改革开放方向，立足于中国具体情况推进改革开放。

2015年，中国设立第二批次自由贸易试验区。上海自由贸易试验区的设立，有力推进中国经济的国际化，特别是在投资便利化和金融中心的建设上积累了有益的经验。鉴于此，中央在2015年决定进一步扩大自由贸易试验区的建设。第二批次自由贸易试验区包括广东、天津、福建三地。广东自由贸易试验区面积116.2平方公里，由广州南沙新区、深圳前海蛇口片区、珠海横琴新区三个片区组成。天津自由贸易试验区面积119.9平方公里，由天津港片区、天津机场片区、滨海新区中心商务片区组成。福建自由贸易试验区由福州片区、厦门片区、平潭片区组成。这三个自由贸易试验区的设立具有不同的功能定位。

首先，战略定位不同。广东自由贸易试验区的战略定位是依托港澳、服务内地、面向世界，将广东自由贸易试验区建设成粤港澳深度合作示范区、21世纪海上丝绸之路重要枢纽和全国新一轮改革开放先行地。经过改革试验，营造国际化、市场化、法治化营商环境，构建开放型经济新体制，实现粤港澳深度合作，形成国际经济合作竞争新优势，力争建成符合国际高标准的法制环境规范、投资贸易便利、辐射带动功能突出、监管安全高效的自由贸易园区。天津自由贸易试验区的战略定位是以制度创新为核心任务，以可复制、可推广为基本要求。天津自由贸易试验区紧紧依托京津冀的协同发展，建成高水平对外开放平台，为全国的改革开放提供制度创新探索，成为面向世界的高水平自由贸易园区。福建自由贸易试验区的战略定位是围绕立足两岸、服务全国、面向世界的战略要求，充分发挥改革先行优势，营造国际化、市场化、法治化营商环境，把福建自由贸易试验区建设成改革创新试验田。积极发挥对台优势，率先推进与台湾地区投资贸易自由化进程，把福建自由贸易试验区建设成深化两岸经济合作的示范区。泉州作为21世纪海上丝绸之路的核心区，福建自由贸易试验区要充分发挥对外开放前沿优势，打造面向21世纪海上丝绸之路沿线国家和地区开放合作新高地。

其次，战略任务不同。转变政府职能，深化行政管理体制改革，改革投资管理体制，改善外商投资管理模式，适应国际贸易发展在贸易方式、金融服务、通关检验等方面实现能力提升，是这三个自由贸易试验区的共同战略任务。由于三个自由贸易试验区所处的区域有所不同，中央赋予它们的任务也各有侧重。相比之下，广东自由贸易试验区作为全国改革开放前沿所在地，中央更强调广东通过优化法治环境，创新行政管理体制，建立宽进严管的市场准入和监管制度，实现营商环境的国际化、市场化、法治化。立足粤港澳三地融合，深入推进粤港澳服务贸易，进一步扩大对港澳服务业开放，促进服务要素便捷流动，目前这一战略任务上升为粤港澳大湾区建设的内容。强化国际贸易功能集成，推进贸易发展方式转变，增强国际航运服务功能。依托香港这一最大的离岸人民币交易中心，深化金融领域开放创新，推动跨境人民币业务创新发展，推动适应粤港澳服务贸易自由化的金融创新，推动投融资便利化，建立健全自由贸易试验区金融风险防控体系。增强自由贸易试验区辐射带动功能，引领珠三角地区加工贸易转型升级，打造泛珠三角区域发展综合服务区，建设内地企业和个人"走出去"重要窗口。

广东自由贸易试验区在具体安排上立足于各大片区、各大构成地区的不同而实现不同的功能组合。从功能区域布局划分上看，广州南沙新区片区重点发展航运物流、特色金融、国际商贸、高端制造等产业，建设以生产性服务业为主导的现代产业新高地和具有世界先进水平的综合服务枢纽。深圳前海蛇口片区重点发展金融、现代物流、信息服务、科技服务等战略性新兴服务业，建设中国金融业对外开放试验示范窗口、世界服务贸易重要基地和国际性枢纽港。珠海横琴新区片区重点发展旅游休闲健康、商务金融服务、文化科教和高新技术等产业，建设文化教育开放先导区和国际商务服务休闲旅游基地，打造促进澳门经济适度多元发展新载体。围绕功能布局的差异，实施不同的海关监管方式。广州南沙新区片区和深圳前海蛇口片区内的非海关特殊监管区域，重点探索体制机制创新，积极发展现代服务业和高端制造业。广州南沙保税港区和深圳前海湾保税港区等海关特殊监管区域，试点以货物贸易便利化为主要内容的制度创新，主要开展国际贸易和保税服务等业务。珠海横琴新区片区试点有关货物贸易便利化和现代服务业发展的制度创新。

天津自由贸易试验区的任务主要是依托京津冀，致力于扩大开放投资领域，降低投资准入门槛，改革外商投资管理模式，以构建更有效率的对外投资合作服务平台。围绕国际贸易，积极推动贸易转型升级，完善国际贸易服务功能，增强国际航运服务功能，创新通关监管服务模式。深化金融领域开放创新，推进金融制度创新，增强金融服务功能，提升租赁业发展水平，建立健全金融风险防控体系。立足于实施京津冀协同发展战略，增强口岸服务辐射功能，促进区域产业转型升级，推动区域金融市场一体化，构筑服务区域发展的科技创新和人才高地。

福建自由贸易试验区的主要任务是推进通关机制创新，率先推进与中国台湾地区投资贸易自由，探索闽台产业合作新模式，扩大对台在电信与运输、商贸、建筑业、产品认证、工程技术、专业技术服务等领域的贸易开放，推动对台货物贸易自由，促进两岸往来更加便利。推进金融领域开放创新，扩大金融对外开放，拓展金融服务功能，推动两岸金融合作先行先试。培育平潭开放开发新优势，推进服务贸易自由化，推动航运自由化，建设国际旅游岛。

第三批次自由贸易试验区是从2017年4月开始设立，包括辽宁、浙江、河南、湖北、重庆、四川和陕西7个省份。分别是辽宁的大连片区、沈阳片区、营口片区；浙江的舟山离岛片区、北部片区、南部片区；河南的郑州片区、开封片区、洛阳片区；湖北的武汉片区、襄阳片区、宜昌片区；重庆的两江片区、西永片区、果园港片区；四川的天府新区片区、青白江铁路港片区、川南临港片区；陕西的中心片区、西安国际港务区片区、杨凌示范区片区。这一批次的自由贸易试验区的设立都强调要以制度创新为核心，探索可复制、可推广的经验为基本要求，更强调作为内陆省份的特殊区位，实现中国的东西互向、陆海联动的对外开放新格局。各自由贸易试验区的战略定位侧重点各有不同。辽宁自由贸易试验区突出作为提升东北老工业基地发展整体竞争力和对外开放水平的新引擎功能，重点加强东北亚区域开放合作。浙江自由贸易试验区重点瞄准国际大宗商品贸易自由化和具有国际影响力的资源配置基地。河南自由贸易试验区强调建设服务于"一带一路"的现代综合交通枢纽，畅通国际交通物流通道，完善国内陆空集疏网络，开展多式联运先行示范。湖北自由贸易试验区努力成为中部有序承接产业转移示范区。重庆自由贸易试验区全面落实中共中央、国务院关于发挥重庆战略支点和连接点重要作用、加大西部地区门户城市开放力度的要求，推进"一带一路"和长江经济带联动发展，构建多式联运国际物流体系，推动长江经济带和成渝城市群协同发展，探索建立区域联动发展机制，促进区域产业转型升级，增强口岸服务辐射功能。四川自由贸易试验区争取建设成为西部门户城市开发开放引领区、内陆开放战略支撑带先导区、国际开放通道枢纽区、内陆开放型经济新高地、内陆与沿海沿边沿江协同开放示范区。陕西自由贸易试验区全面落实中共中央、国务院关于更好发挥"一带一路"建设对西部大开发带动作用、加大西部地区门户城市开放力度的要求，扩大与"一带一路"沿线国家经济合作，创新互联互通合作

机制，创新国际产能合作模式，推动西部大开发战略深入实施。

第四批次自由贸易试验区设立了海南自由贸易试验区。2018年10月16日，国务院批复同意设立中国（海南）自由贸易试验区。海南作为单体最大的自由贸易试验区出现在中国的经济版图上。海南全岛建设自由贸易试验区的目标是逐步探索、稳步推进中国特色自由贸易港建设，分步骤、分阶段建立自由贸易港政策和制度体系。中央提出，海南要利用2~3年时间高标准建设全岛自由贸易试验区，希望能在6个方面实现突破。一是对接国际通行的投资贸易规则，完善外商投资负面清单管理制度，实行高水平的投资自由化。二是以高水平贸易便利化为目标，努力在一两个细分市场上建成全球贸易中心；深化服务贸易创新发展，提高服务贸易的国际化水平。三是建立海南自由贸易账户体系，探索资本项目可自由兑换，以较高的人民币国际化和利率市场化水平服务实体经济。四是以供给侧结构性改革为主线，转换经济发展动力，优化经济发展结构，培育壮大以南繁、深海、航天为重点的高新技术产业，推动经济高质量发展。五是大力推动政府职能转变，加强事中事后监管，努力构建法治化、国际化、便利化和公平高效透明可预期的营商环境。六是创新人流、物流、资金流的监管方式，做到实时、全方位管住管好。以建设自由贸易试验区启动，分步骤、分阶段建立自由贸易港政策和制度体系，到2020年自由贸易试验区建设取得重要进展，到2025年中国特色自由贸易港制度初步建立。

（二）各具特色的广东自由贸易试验片区

根据中央的批复，广东自由贸易试验区于2015年4月挂牌成立，由深圳前海蛇口片区、广州南沙新区、珠海横琴新区三个片区组成。围绕中央政府赋予的开放任务，三大片区根据各自的定位进行建设。

1. 承担与香港全面融合的前海蛇口片区

深圳前海蛇口自由贸易片区（以下简称“前海蛇口片区”）总面积28.2平方公里，分为前海区块（15平方公里，含前海湾保税港区3.71平方公里）和蛇口区块（13.2平方公里）。前海蛇口片区位于深圳市辖区，与香港隔海相望，作为内地最具发展活力的深圳与国际化水平最好的香港之间的衔接，前海蛇口片区设立之初就被赋予在金融、商贸、运输等方面实现与国际接轨的战略任务。

前海蛇口片区根据产业形态分为三个功能区。一是前海金融商务区。地理区划上是除保税港区外的前海区块中的其他区域，这一区域主要探索服务贸易功能改革。重点发展金融、信息服务、科技服务和专业服务，立足于中国金融业的对外开放，在金融产品设置、金融流通管理、金融风险管理等方面进行创新，以金融服务为核心发展成为亚太地区重要的生产性服务业中心。二是以前海湾保税港区为核心的深圳西部港区。围绕珠三角地区巨大的物流量，着眼于国际性枢纽港建设，在发展港口物流、国际贸易、供应链管理与高端航运服务上推进创新，增强港口的承接货物贸易功能及服务国际物流的能力。三是蛇口商务区。区域上是蛇口区块中除西部港区之外的其他区域。这一区域主要围绕前海区块进行发展，通过产业联动和优势互补，重点发展网络信息、科技服务、文化创意等新兴服务业。

深圳作为中国改革开放的最前沿，在市场化、法治化和国际化上具有比较优势，并在改革中积累了丰富的经验，结合国家21世纪海上丝绸之路建设，通过前海蛇口片区的建设，深圳可以更好发挥战略支点作用。特别是深圳与香港在经济社会发展中形成了较为紧密的合作，立足于前海蛇口片区，大力整合深港两地资源，可以更好地集聚全球高端要素，立足于国家经济发展需要突破的金融、现代物流、信息服务、科技服务及专业服务、港口服务、航运服务和其他战略性新兴服务业等，通过推进深港经济融合发展，促使深港两地全面融合，打造亚太地区重要生产性服务业中心、世界服务贸易重要基地和国际性枢纽港，更好地服务于国家经济发展。

前海蛇口片区具有实现上述目标的条件。首先，能够有效实现政策叠加优势。前海深港现代服务业合作区（简称"前海深港合作区"）能够把自贸试验区的功能和政策与之前拥有的政策实现叠加，既拥有全国自贸试验区共享的政策，也有前海深港合作区自身特有的政策，形成"合作区 + 自贸试验区 + 保税港区"的"三区"叠加模式。如2018年9月1日，中央正式实施对港澳台居民的居住证制度，持有居住证的港澳台居民在就业等方面获得与大陆居民同等的权利。这一做法最早就是前海蛇口片区试行的就业许可证制度，消除了港人进入内地就业的制度障碍。除了简政放权，在金融服务开放领域和投资与贸易便利化方面，前海蛇口片区也是不断实现突破。

其次，促进前海蛇口片区三大组成区域的优势整合。前海蛇口片区的三大组成区域各自产业特色明显，借助自贸试验区规划，可以实现区域内的资源整合，形成更有效率的运行机制。港口整合上，深圳西部港区的蛇口港、赤湾港以及前海湾保税港区连成一个整体，可以促使西部港区更好地发展为国际性枢纽港。功能整合上，前海的金融、贸易、航运服务可以为蛇口产业升级注入新的活力，蛇口的产业基础及生活配套亦将为前海提供支撑，形成在整合优势基础上的产业竞争力全面提升的新格局。

最后，深化深港合作。保持香港繁荣稳定是中央一贯的政策要求，香港受限于产业结构调整及社会结构的僵化，回归后发展速度逊色于内地。深圳作为与香港毗邻的地区，两地间的联系密切，加强香港与内地的联系，才能更好地促进香港的产业发展，也能更好地实现深港两地及国家整体发展。以港口运输为例，香港港的集装箱吞吐量近年来持续下降，而深圳港的集装箱吞吐量则持续攀升，如果能够整合两地港口，在航线管理、货源安排、多式联运等方面形成合作，则可以在提升两地港口效率的同时增强这一地区港口群的世界竞争力。此外，拥有雄厚科研力量的香港与正在全力提升研发能力的深圳合作，将实现资源的优化配置，并以此与珠三角地区形成紧密的产学研合作，最终形成科技引领的制造业基地。自贸试验区的设置，将有力促进深港更加紧密的经济合作关系，两地的资源也能得到更好的整合，助力香港成为世界上最成功的自由港，也将有力带动前海蛇口进一步与香港地区、与国际通行惯例接轨。

2.肩负建设国际航运枢纽和国际贸易中心先行使命的南沙片区

根据国务院对广州南沙新区自由贸易片区（以下简称"南沙片区"）规划的批复，南沙新区片区总规划60平方公里（含南沙保税港区7.06平方公里），共3个板块（中心板块、海港板块、庆盛板块）7个区块。南沙处于广州南缘，位于珠三角几何中心，地理位置优越，港口岸线资源丰富。南沙片区的发展要把国家战略新区、国家级经济技术开发区、保税港区、高新技术产业开发区和广东省实施 CEPA 先行先试综合示范区政策进行叠加，立足于服务珠三角，推进粤港澳全面融合发展，打造中国参与国际经济竞争与合作的新平台和21世纪海上丝绸之路的重要枢纽。

海港区块共15平方公里，分别是龙穴岛作业区13平方公里（其中南沙保税港区港口区和物流区面积5.7平方公里）和沙仔岛作业区2平方公里。该区块主要利用港口优势，定位为国际航运发展合作区，重点发展航运物流、保税仓储、国际中转、国际贸易、大宗商品交易、汽车物流等航运服务业。围绕国际航运发展，创新方向主要聚集于国际航运服务和通关模式改革领域的政策探索，联手港澳打造泛珠三角地区的出海大通道。

明珠湾起步区区块共9平方公里，不包括蕉门河水道和上横沥水道水域。该区块着力于金融商务发展试验，重点发展总部经济、金融服务和商业服务，推动粤港澳金融服务合作，探索开展人民币资本项目可兑换先行试验。人民币国际化是中国未来开放中的重要一环，除了依托香港这一重要的人民币离岸枢纽外，南沙片区的探索重点之一就是进一步构建粤港澳金融和商贸服务合作新机制，通过对人民币国际化的有效有益探索，与上海自由贸易试验区的人民币国际结算等，为未来人民币国际化提供制度建设和人才培养。

南沙枢纽区块共10平方公里。2016年3月28日，经粤港双方政府同意，广东省人民政府印发的《实施〈粤港合作框架协议〉2016年重点工作》第七项"重点合作区域"篇章中，第86条提出加快推动南沙片区金融服务、航运服务、专业服务、公共服务、电信服务和商贸合作等领域对香港的进一步开放，支持香港业界参与该片区的开发建设，落实区内教育、医疗及税收等配套措施。2016年9月15日，时任广东省省长朱小丹在粤港合作联席会议后的新闻发布会上表示，将在南沙最优质的地块中划出一个专门区域，打造"粤港深度合作示范区"，这个地方只引进香港企业，并争取尽快实质性启动示范区的建设。因为这个区域只引进香港企业，所以后来大家也称南沙此区域为"香港园"。

庆盛枢纽区块共8平方公里。重点开展国际教育和医疗合作，主要发展教育培训、健康医疗等产业，率先探索在教育、医疗等领域对港澳地区和国际深度开放。

南沙湾区块共5平方公里，不包括大角山山体。科技创新是国家及广东未来发展的重要动力来源，这一区块定位为粤港澳科技创新合作区，重点围绕科技创新、文化创意、服务外包和邮轮游艇经济进行发展。在粤港澳大湾区筹建中，目前已形成广深港澳科技创新走廊的框架，该区块将作为这一科技创新走廊的重要节点，探索粤港澳科技研发合作新模式，建设粤港澳创新成果产业化基地和国际化科技创新服务中心。

蕉门河中心区区块共3平方公里。重点发展商务服务产业，培育外贸新业态，集聚中小企业总部。为港澳中小企业开拓内地市场、内地中小企业开拓国际市场提供支撑，建设成为国内企业和个人"走出去"的窗口和综合服务平台，构建"走出去"政策、促进服务保障和风险防控体系。

万顷沙保税港加工制造业区块共10平方公里（其中南沙保税港区加工区面积1.36平方公里）。该区块定位为加工贸易转型升级服务区，重点发展加工制造、研发孵化、数据服务、电子商务、检测认证服务等生产性服务业。加工贸易是国际贸易合作中的重要内容，虽然中国近年来一般贸易占比不断提高，但加工贸易仍占有相当份额，而且未来的国际产业分工合作中，加工贸易仍将是一个重要的组成。通过该区块的建设，主要搭建促进加工贸易企业转型升级的技术研发、工业设计和知识产权等公共服务平台。

总体上，南沙片区要充分利用南沙新区地理中心位置的优势，积极利用港口岸线资源丰富条件，立足于港澳长期形成的紧密合作的优势，重点发展航运物流、特色金融、国际商贸、高端制造、专业服务等产业，建设以生产性服务业为主导的现代产业新高地和具有世界先进水平的综合服务枢纽。

3. "一国两制"深度融合典型的横琴片区

珠海横琴新区自由贸易片区（以下简称"横琴片区"）紧邻澳门，与香港相比，澳门主要以博彩业为主，实体经济等由于土地供给原因缺乏发展空间，中央政府与澳门特区政府在推动澳门产业发展上，都想致力于实现澳门产业适度多元化。横琴片区在发展方向选择上，紧密结合国家及澳门发展的需要，确立以旅游休闲健康、商务金融服务、文化科教和高新技术等产业作为发展方向，建设文化教育开放先导区和国际商务服务休闲旅游基地，打造促进澳门经济适度多元发展新载体。

横琴片区实施叠加管理。2009年6月，全国人民代表大会常务委员会通过关于授权澳门特别行政区对设在横琴岛的澳门大学新校区实施管辖的决定。横琴片区形成"一岛两制"，在口岸管理上，实行"分线管理"。横琴与澳门之间设定为一线管理，横琴与内地之间设定为二线管理，"一线放开、二线管住、人货分离、分类管理"。"分线管理"通关制度使横琴与澳门、香港在珠江口外形成了一个特殊的区域。

横琴片区挂牌以来，主要围绕金融服务、旅游休闲、商务服务、中医保健、科教研发、高新技术和文化创意等产业推进发展。特别是中医药科技的发展，更是横琴片区最具特色的一项。2017年，横琴新区管理委员会发布《横琴新区支持粤澳合作中医科技产业园发展的若干措施》，从设备购置补贴、场地租金补贴、企业纳税返还等方面给予政策支持，其中包括产业园引进的重点企业和科研机构，最高可获得1000万元的设备购置补贴。至2018年7月，粤澳合作中医药科技产业园基本建成，产业园内包括GMP（药品生产质量管理规范）中试生产大楼、研发检测大楼、科研总部大楼及相关配套设施等7个项目在内的一期公共服务平台已顺利落成并投入使用。产业园二期建设工作已经启动，建筑面积约12.8万平方米的孵化区也即将落成并基本投入使用。这一产业园区将为澳门医药卫生中小企业入驻提供技术、创业发展、投融资、法律等方面的服务，逐步实现园区项目从培育企业到培育产业的可持续发展。

以横琴片区为载体促进与澳门合作。澳门发展中最主要的矛盾是土地的缺乏，横琴片区通过土地资源注入服务于澳门产业适度多元化政策，面向澳门双创人才的横琴新区的横琴·澳门青年创业谷于2014年6月投入使用，两地开始共享资源、联合孵化。到2018年6月，横琴·澳门青年创业谷已成为澳门青年在内地创业的首选地，累计孵化252个项目。港澳创业团队138家，融资额突破4.04亿元，设立了1亿元的创新型中小企业信贷风险补偿专项资金和5000万元的天使投资基金。开发过程中，横琴全面落实"澳门优先"原则，结合实际并根据澳门企业和居民需求制定实施多项扶持澳门企业和居民在横琴发展的政策措施。

（三）瞄准"两区一枢纽"建设广东自由贸易试验区

广东自由贸易试验区作为国家自由贸易区政策下的一个载体，充分利用中央赋予的政策，延续和发挥了广东改革开放前沿的精神，通过积极的改革创新，在开放上走出了一条新路子，也为国家的改革开放提供了丰富的经验。进入新时代，中央赋予广东自由贸易试验区开放型经济新体制先行区、高水平对外开放门户枢纽和粤港澳大湾区合作示范区的战略目标，围绕这"两区一枢纽"拓展制度深化成为广东自由贸易试验区建设的任务。

1. 切实履行好国家赋予的新任务

2018年5月24日，国务院印发《进一步深化中国（广东）自由贸易试验区改革开放方案》，这一方案是对广东自由贸易试验区建设的肯定，并对广东自由贸易试验区的未来建设提出了明确的要求。该方案明确提出建设国际航运枢纽、国际贸易中心的要求，这是广东首次在国务院文件中确立了国际航运枢纽、国际贸易中心的特殊定位。要求广东自由贸易试验区到2020年要率先对标国际投资和贸易通行规则，将自贸试验区建设成为投资贸易自由、创新要素集聚、营商环境便利、辐射功能突出的自由贸易园区。明确要强化自贸试验区同广东省改革的联动，各项改革试点任务具备条件的在珠江三角洲地区全面实施，或在广东省推广试验。

（1）围绕国际航运枢纽促进制度创新。广东自由贸易试验区所在区域港口吞吐量居世界前列，区内港口众多，要积极探索区域内港口运输的制度创新，进一步提升输运效率，以实现中央所期许的目标。跳出港口地区管理模式，成立广东省港口联盟，利用国家将自贸试验区内港澳航线作为国内特殊航线管理的便利，大力促进与港澳港口的全面合作。在航线设立上，立足于国际贸易需求，分析区域内各港口的国际货物运输量，合理设置国际班轮航线，增强对国际市场的服务能力。积极推进沿海港口之间，以及内河港口之间形成航线协作，优化货物配置。协调服务价格，从粤港澳三地的航运服务出发，对港口相关服务价格制定标准，推动港口形成利益联盟，鼓励通过效率改进提升竞争力，避免价格竞争。积极提升通关一体化等方面的服务能力，形成粤港澳海关、检验检疫、卫生等方面多方协作，全面推进已建立的大数据网络平台，实现服务覆盖范围和服务功能的全面发展。加快多式联运创新，积极推进铁路、高速公路和港口的联运枢纽建设，加强铁路和高速公路与特定港口的运输专线服务于专属产业园区，形成实体生产与运输服务的紧密合作。

（2）为粤港澳深度合作探索路径。粤港澳大湾区的建设将要全面推进，其最为重要的是制度的衔接。港澳地区的国际化水平较高，包括广东自由贸易试验区在内的自由贸易试验区的建设，就是肩负着中央政府所交付的制度创新责任，以期通过与国际接轨的制度更好地服务于国家的全球化目标。广东自由贸易试验区的首要目标就是围绕粤港澳大湾区的建设进行制度建设，通过制度创新解决阻碍三地市场资源自由流动的因素，在资源流通渠道、流通方式、流通效率、流通标准等方面实现全面对接，实现统一标签下的全流通。广东自由贸易试验区要充分利用中央赋予的制度创新权力，积极瞄准粤港澳大湾区的建设需要，结合内地市场发育情况，积极有序地探索制度性创新。围绕国家创新驱动发展战略，打通港澳科研活动、成果与内地的结合，加强珠三角的制造能力提升，推进粤港澳三地的风险投资基金发展，加快粤港澳三地的"风投＋创新＋产业化"模式的建设，既为粤港澳三地的产业升级优化提供动力，更为国家创新驱动贡献力量。

（3）继续推进负面清单管理。持续推进负面清单管理，提升政府宏观管理能力，降低市场进入门槛，加强市场运行管理，严格市场行为规范，实现市场在资源配置中的决定性作用，有效实施政府宏观监管，实现与国际市场管理模式接轨。继续探索开放，不断扩大市场准入领域，特别是针对中国未来改革重点中的金融领域，探索完善风险管理前提下的开放，稳步推动人民币更高程度的国际化，探索人民币自由汇兑和流通的制度设计。推进投资开放新领域新方式，探索股权投资等方面管理模式，实现内外资同等待遇，除特殊领域外，取消对外资进入特别管理要求。不断加强市场运行监管能力，借助大数据平台，及时对市场和企业的运行情况进行评估，防范市场风险，提高市场信用，实现市场更为有效地运行，促进优胜劣汰，防范市场机制不良趋势，有效利用好市场促进经济发展，形成有序放开、运行合规、效率改进的良好市场常态。

（4）发展国际贸易新模式新业态。围绕国际贸易中心目标，积极借鉴香港自由港的管理经验，依托广州港、蛇口港并逐步扩展到高栏港和白云空港，开展广东自由贸易试验区自由贸易港建设。在CEPA项下试行向港澳地区更加开放的"类自由港""准共同体"政策，开展粤港澳三地经贸深度合作的试验，实施更开放的"一线放开、二线管好"的贸易监管制度，实施国际中转"零报关"措施，扩大与自由贸易相适应保税港区范围，发展国际中转、船籍港业务和各种方式的离岸贸易，创造条件与已成为自由贸易港的港澳地区合作，联手开辟粤港澳自由贸易港群。

2. 积极叠加粤港澳大湾区制度优势，实现协调效应

发挥广东自由贸易试验区制度创新的功能，把三个片区打造成为粤港澳大湾区的探路者。服务贸易将是广东及整个中国未来发展的重点，中央期望广东自由贸易试验区打造粤港澳深度合作示范区，推进粤港澳服务贸易自由化深入发展成为题中之义。

（1）以广东自由贸易试验区带动粤港澳服务业全面开放。在国家粤港澳大湾区领导小组下，设立推进广东自贸试验区建设专责小组机制，以国际自由港为目标，不断推进开放的负面清单，放宽服务业准入标准，立足于CEPA协议及相关的补充协议，调整粤港澳三地行

政管理机制，实现制度有机衔接，保障协议落地。积极利用港澳地区在金融、投资、会计、税务、法律等领域的国际性优势，提升广东自由贸易试验区的制度设置。允许港澳资金控股证券和基金管理公司进入园区，允许粤澳、粤港在法律、会计、税务、建筑、金融等专业人士通过进入区内执业，之后扩张到粤港澳大湾区。

（2）以广东自由贸易试验区为龙头带动粤港澳服务要素流动便捷化。立足于广东自由贸易试验区的企业大数据平台，实现与港澳的政府监管机构的数据库电子联网，通过电子便利提升通关效率。初期选择如香港、澳门机场与自贸试验区一站式空陆海联运，建立"前店后仓"运作模式。实现各港口大湾区内航线一体化、港口货仓一体化监管。全面实施粤港澳检验检测结果互认，对符合"CEPA原产地认定标准"的港澳产食品，将港澳特区政府主管部门认可的原产地、卫生证书等以及风险监控结果作为监管依据，大力提速通关通检时间。借助港珠澳大桥的开通，实施自由贸易区与港澳形成24小时通关，港澳进出自由贸易区的机动车、游艇自由行。

（3）以广东自由贸易试验区为试点探索港澳居民在珠三角居住就业。以港澳居民居住证实施为契机，大力推进港澳居民进入内地工作和居住，推动粤港澳大湾区内教育、医疗、卫生、养老等全面对接，允许香港相关资源以合作或独立形式进入粤港澳大湾区提供服务。建立粤港澳三地相关财政资金的衔接机制，以公共服务券等形式支持港澳居民进入内地。推进粤港澳三地专业技能培训合作，以证书互认为前提，加强专业技能与经济发展的合作，形成粤港澳大湾区内劳动力共同提升。

3. 发挥广东自由贸易试验区探索作用，促进粤港澳大湾区建设

作为获得先行先试权利的广东自由贸易试验区，不仅在过去三年的建设中积累了有益的经验，更可以借助与港澳地区日益密切的合

作，更好地为粤港澳大湾区的建设提供开拓性尝试。

（1）坚持打好特色牌，深化粤港澳合作。广东自由贸易试验区要主动承接国家重大战略、发挥辐射引领作用，深化粤港澳合作是广东自由贸易试验区最重要的国家战略功能和优势。粤港澳大湾区建设上升为国家战略，为新时代下广东自由贸易试验区深化粤港澳合作、努力建设粤港澳大湾区合作示范区提供了重大的战略契机。三年来，广东自由贸易试验区在粤港澳服务贸易自由化、探索粤港澳经济合作新模式、推进粤港澳要素互联互通等方面先行先试，探索在"一国两制"框架下，港澳与内地实现更紧密合作与更高标准开放的制度与路径，为粤港澳大湾区建设、促进港澳地区的繁荣稳定发挥"试验田"功能。

（2）促进粤港澳大湾区加速成为国际性大湾区。全面对接国家战略，建设粤港澳大湾区合作示范区。重点探索在"一国两制"和CEPA框架下与港澳加强在服务贸易自由化及规则对接、产业互补、资源共享、交通互联、信息互通等方面的合作，加快推动南沙粤港深度合作区、前海香港优势产业基地、横琴粤澳合作产业园及粤港澳青年创新创业平台建设。结合广深港澳科技创新走廊建设，全力推进粤港澳三地间的合作，实现三地产业共同升级，打造具有国际影响力的产业集群，特别是在精密装备制造方面形成具有国际影响的产业，以实体经济奠定粤港澳大湾区的国际性地位。

（3）赋予广东自由贸易试验区立法权。推进自由贸易的制度改革，除了鼓励自身的制度创新外，更需要获得中央的支持。自由贸易试验以地方为主体推进，责任在地方，但制度上多数权限在部委一层，这种责权不对等造成过高的制度成本，影响自由贸易试验的推进。除了对一般制度创新赋予自由贸易试验区权力外，可以在国家层面研究制定"中国自由贸易试验区法"，通过立法调整自由贸易试验中央和地方的事权划分，以立法给基层"特别法"的授权化解基层制度创新裁量权不足的矛盾，激发和保护基层自由贸易试验制度创新"大胆试、大胆闯、自主改"的积极性。

（四）广东自由贸易试验区形成五大方面制度创新

建设自由贸易区的目的在于为中国的改革开放探索更宽广的路径，以适应中国不断提升的国际化要求。自由贸易区可以在自主控制的范围内进行探索，因此，广东自由贸易试验区在建设过程中着眼于自身的制度调整，不断在制度建设上实现突破，既积累了较多的经验，也为下一步的创新奠定基础。

广东自由贸易试验区三年来一直大胆探索，共形成385项制度创新成果。这些制度创新成果中，有21项向全国复制推广，102项制度创新经验在全省复制推广，92项制度创新案例供全省借鉴，3项制度创新案例入选全国最佳实践案例。截至2017年12月，区内累计新设企业21万家，新设外商投资企业9639家，实际利用外资128.5亿美元。

1.围绕投资便利提升市场效率

近年来，中国逐步成为全球投资的焦点，对外投资也迅速增长。据商务部数据，2017年全年，中国境内投资者共对全球174个国家和地区的6236家境外企业新增非金融类直接投资，累计实现投资额1200.8亿美元，仅次于美国而居全球第二。吸引外资方面，2017年，全国新设立外商投资企业35652家，同比增长27.8%；实际利用外资8775.6亿元，同比增长7.9%。无论是对外投资还是吸引外资，中国都成为全球资本流动的主要国家。为适应日益庞大的资本进出，以及建设更为监管有度、服务便利的投资环境，进行相关的制度创新更为迫切。

（1）深入实施负面清单管理模式。负面清单管理是国际通行做法，通过对经营领域的限制，确定经济主体的活动领域，从而更好地激发经济主体创新动力。广东自由贸易试验区对外商投资企业实施准入前国民待遇加负面清单的管理模式，推行以来负面清单缩减至95项。对外资企业投资负面清单以外的行业，由核准制改为备案制，实行备案文件自动获取，推动外资准入模式与国际接轨。目前，广东自由贸易试验区内99%的新设外商投资企业通过备案设立，外商投资企业办理注册时间由过去10多个工作日减少到最快2个工作日。实施内资企业投资项目负面清单管理模式试点，在全国率先发布企业投资项目准入负面清单，对负面清单以外的企业投资项目实行备案制，大幅简化企业投资项目审批手续。实行企业投资项目负面清单管理模式以来，备案项目数量占全部企业投资项目数量的比例超过90%。这一制度创新使得经济主体能够主动拓展市场边界，倒逼政府经济管理能力提升，符合党的十九大所提出的微观主体要活、宏观管理要有度的政策要求。

（2）推进商事登记便利化改革。中央提出"双创"，鼓励民众创业，只有大量有生命力的企业涌现，才能有力推进市场经济的发展。传统上的商事登记较为繁杂，涉及管理部门多，完成新生企业的登记注册需要耗费大量的时间精力，为此广东自由贸易试验区开始一系列的创新。一是推行"一照一码"登记制度改革。率先探索将企业营业执照、组织机构代码证、税务登记证"三证合一"，实行"一照一码"登记制度改革，探索一般企业商事登记由审批制改确认制，实现企业登记注册与公安、发改、人社、食药监、检验检疫等部门相关证照"二十证六章"联办。通过制度创新，新设立企业仅需往返办事窗口2次，最快1个工作日内即可办完全部手续。二是创新开展"一门式、一网式"政务服务模式改革。将政府部门分设的办事窗口和审批服务系统整合为实体综合服务窗口和网上统一申办受理平台，为企业提供"前台综合受理、后台分类审批、统一窗口出件"的登记注册服务。开展企业注册地址托管改革，打造外商投资"一口受理"升级版，将外资备案统一为后置备案。三是延伸拓展商事登记网络。率先启动工商登记异地协同办理，发出全国首份跨省协同办理的营业执照。此

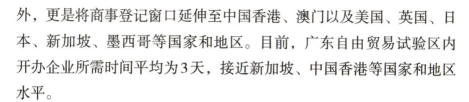

外，更是将商事登记窗口延伸至中国香港、澳门以及美国、英国、日本、新加坡、墨西哥等国家和地区。目前，广东自由贸易试验区内开办企业所需时间平均为3天，接近新加坡、中国香港等国家和地区水平。

（3）加快推进"证照分离"改革试点。激发经济主体活力首先要让经济主体能够进入市场，这要求对企业的设置制度进行创新。本着放活管制、加强监管的原则，广东自由贸易试验区积极实施国务院推出的商事改革制度，最大限度地简化企业设立程序。商事登记改革推进，大量的新生企业不断涌现，随之而来的是商事登记后置许可证"办证难"问题逐步浮出水面。广东自由贸易试验区选择企业反映诉求突出、审批频次较高、改革预期效果较明显且符合片区重点产业发展需求的商事登记后置审批事项，从2016年10月起启动"证照分离"改革试点，采取取消审批、审批改备案、实行告知承诺、严格准入等方式实施分类改革。改革中，允许和鼓励各片区展现个性，形成多途径创新的格局。其中，南沙片区对60项区级事权审批事项进行分类改革，累计办结"证照分离"审批业务1980宗，涉及食品和药品经营、旅馆特种行业、劳务派遣、城市排水等15类，累计为企业节省20408个工作日，减少申请材料6470余份。横琴片区推动行政审批改革向项目审批改革拓展，累计取消审批11项，审批改备案9项，实行告知承诺制28项，强化市场准入管理19项。这一项制度创新得到中央的认可。2017年12月，根据国务院部署要求，启动"证照分离"改革试点2.0版，全面落实国务院在全国复制推广的106项改革事项，并结合广东实际，增加事权范围内改革事项32项，实现企业"准入"和"准营"同步提速。

（4）深化办税便利化改革。深化国地税合作，开辟"一窗式"业务速办通道，上线运行国地税业务平台。广东自由贸易试验区下属各片区进行了各自的探索，收到了良好的效果和效益。南沙片区实现国地税联合办税服务厅全覆盖，获评"全国百佳国税地税合作县级示范区"。推出自主有税申报制度，免除纳税人零申报事项近50万户次。前海蛇口片区建立国地税一体化"电子税务局"，推出微信办税新平台。横琴片区在全国率先推出纳税便利化指数和税收遵从指数体系，首创 V-Tax 远程可视自助办税系统和粤港澳"智税宝"智能导税创客平台。深化拓展"税融通"合作，以"信"换"贷"，为辖区 A、B 级纳税人提供超过10亿元的融资贷款额度。

2. 深化"放管服"改革推进政府职能转变

党的十八届三中全会提出使市场在资源配置中起决定性作用和更好发挥政府作用。一方面是政府要通过管理模式的转变给市场"松绑"，另一方面更要求政府实现管理职能的转变以更好地促进市场发展。广东自由贸易试验区正是根据这一原则，不断在完善市场功能的同时，加强政府的管理能力的提升。

（1）加快推进简政放权。本着"应放尽放"的原则，加快政府管理权限下沉，提升自贸试验区开展体制机制创新的"自主性"，广东自由贸易试验区先后下放223项省级管理权限，市一级政府向片区下放近200项市级管理权限。权限的下放极大释放了广东自由贸易试验区内的企业经营活力。清华大学第三方评估报告显示，通过管理权限的下放或委托实施，企业办理相关事项的时间最多可节省50个工作日，各级政府的管理权限也更加清晰。

（2）推进行政审批制度改革。广东自由贸易试验区改革之初确立了"项目审批时间再砍一半"的要求，2017年底三个片区都实现了这一目标。结合行政审批的特点，广东自由贸易试验区通过集中综合审批和推进审批标准化改革两类创新加以实施。一是在集中综合审批模式改革方面，推行"一颗印章管审批"，实施"即审即办""容缺审批"等便利化措施，实现审批时限压缩50%以上的目标。南沙片区成立行政审批局，从企业登记注册到投资项目备案（核准），再到建设工程项目规划许可、施工许可、竣工验收实现"车间流水式、

"一站式、一条龙"行政审批和服务。前海蛇口片区开展相对集中行政许可权试点改革，将50%以上的行政许可事项集中于专门机构办理。横琴片区首创社会投资类建设工程"一站式"集中审批平台，整个报建运作周期缩短40%，企业直接成本降低3%，每年可为企业节约成本2亿元以上。二是在推行行政审批标准化方面，按照"细化裁量标准、实现量权限权"原则，编制发布审批事项标准，明确审批依据、审批程序、审批条件、审批时限等内容，并将470项业务事项在审批系统中固化，实现全程电子化运作和监督。

（3）全面推进"互联网+"。真正把"数字化政府"建立在管理上，通过互联网把行政办公与服务对象紧密联系起来，打通管理部门与服务对象的间隔。一是率先在全国建立企业专属网页。把涉及企业事项的投资项目审批、贸易通关、政策获取等"一网通办"，广东自由贸易试验区内的22万家企业开通专属网页，70%以上行政事项到现场跑动1次以下，60%以上行政事项网上办结。"企业专属网页"政务服务新模式入选全国自由贸易试验区第二批"最佳实践案例"之一，并推广至全省10个地市使用。二是推动建立统一的大数据平台。涉及企业的数据以前由各个部门各自管理，难以全面掌握企业的情况。目前，广东自由贸易试验区完成大数据应用平台、数据开放和统计分析系统等项目建设，初步实现工商、商务、海关等部门之间的数据共享，使政府管理部门能够对属地企业形成一个全面的了解。大数据平台项目成为首批接入全省"数字政府"云平台项目。三是探索大数据政务新模式。南沙片区推出"微警"警务服务新模式，在微信签发首张身份证"网证"，实现"互联网+可信身份认证"警务服务覆盖，获年度中国"互联网+"最佳服务政务机构奖。前海蛇口片区开展城市级基础设施BIM（建筑信息模型）技术应用，利用三维数字化技术，打造新型智慧城市示范区，荣获"2017全球基础设施创新大奖"。横琴片区上线运行全国首个城市管家APP，推动城市治理由"政府全包"向"政民共治"方向转变。

（4）创新现代化治理模式。一是积极探索经济管理新模式，以政府职能调整服务于经济发展。前海蛇口片区持续优化法定机构治理模式，南沙片区设立明珠湾开发建设管理局和产业园开发建设管理局等法定机构，推动出台法定机构政府规章。二是建立集中统一的综合行政执法体系和统一的综合行政执法机构。各片区设立综合行政执法局，集中行使商务、知识产权、环境保护、工商、质监、交通运输等部门25大类行政处罚权、7类审批管理权限以及相关的监督检查和行政强制权，70%以上的人员安排到一线开展执法工作。三是整合外部资源开展执法联动。建立综合执法机构与各业务主管部门的信息共享、协调会商、业务协助、通报抄告等工作制度，推动综合行政执法机构与各级、各有关部门开展监管执法联动，加强执法工作衔接。四是探索建立廉洁示范区。探索设立廉政"大监督"部门，有效整合纪检、监察、检察、审计等部门多种监督力量，通过第三方机构定期发布自贸试验区廉洁指数，建立统一的廉政监督体制和运行机制，形成联合防治腐败的大监督格局。

3. 推进资源的全球性优化配置

市场在资源配置中起决定性作用是改革开放的目标追求，市场起决定性作用对政府自身的管理方式提出更高的要求，既要求政府建立现代化的治理模式，又要求政府营造有利于吸引资源的环境。

（1）创新制度吸引国际化人才进入。实施国际高端人才停居留便利措施，推动公安部出台支持广东自由贸易试验区建设和创新驱动发展的16项出入境政策，向公安部上报12名外籍人才永久居留权申请，对自贸试验区企事业单位人员往来港澳实施更加便利的港澳商务签注政策，受理自贸试验区企业商务备案978家，备案总人数2390人。加大"招才引智"政策支持力度，出台《关于促进广东自贸试验区人才发展的若干政策意见》。南沙片区出台"1+1+10"政策体系，对企业发展、人才引进等给予全方位扶持，对港澳人才可选择按内地与港澳税负差额给予奖励，集聚国家"千人计划"专家14人，高端领军人才9人，重点领域急需人才5300余名。前海蛇口片区认定境外高端人才和紧缺人才139名，发放个税补贴5070万元，配租人才住房2842套。横琴片区累计引进院士2名，国家"千人计划"专家70人，累计对1.5万人次实施特殊人才奖励达12亿元。

（2）集约高效利用土地资源。出台《关于中国（广东）自由贸易试验区用地保障的若干意见》，严格执行土地利用总体规划，实现各类空间规划"一张图"管理。

（3）积极推动金融创新。一是扩大金融市场开放。在CEPA框架下加快港澳金融机构入驻。降低港澳金融机构的准入门槛，澳门国际银行、大西洋银行等澳资银行率先进驻横琴。放宽港澳金融机构对合资金融企业的持股比例限制，全国首家港资控股证券公司和基金管理公司（汇丰前海合资证券有限公司、恒生前海基金管理有限公司）落户广东自由贸易试验区。探索与境外金融机构开展合作创新。推动设立由香港交易所发起的前海联合交易中心，打造大宗商品的中国价格。前海东亚联丰投资管理有限公司获批外商独资私募证券投资基金试点企业；深圳汇创股权投资基金公司落地，成为全国第二家获批的外商独资股权投资基金管理人。举办T20（智库会议）国际金融论坛、中国寿险业峰会。二是开展跨境金融创新。积极参与人民币国际化进程，率先实现跨境人民币贷款业务、跨境双向人民币债券试点、跨境双向人民币资金池业务、跨境双向股权投资试点、跨境金融资产转让等"五个跨境"，有效打通区内与境外双向融资通道。截至2017年12月，区内229家企业办理跨境人民币贷款业务，汇入金额429亿元；区内企业备案43个人民币资金池。积极推动广东自由贸易试验区账户管理体系改革，探索依托"NRA+"账户（境外机构境内外汇账户，即NRA账户）开展本外币账户管理创新试点，开展不良资产跨境转让、银行贸易融资资产跨境转让、其他经常项目跨境收入、碳排放权跨境交易等跨境业务创新。广东自由贸易试验区首笔"熊猫债"业务、区块链技术下的跨境支付业务成功落地。三是推进外汇管理改革。开展全口径跨境融资宏观审慎管理试点，金融机构和企业可在其资本或净资产挂钩的限额内，自主开展本外币跨境融资。深化跨国公司外汇资金集中运营管理改革试点，17家企业开展跨国公司外汇集中运营管理改革试点。大幅简化经常项目外汇收支管理手续。充分发挥商业银行的服务功能，允许银行机构代理区内企业办理"贸易外汇收支企业名录"登记及其变更、企业外汇账户基本信息备案、货物贸易外汇监测系统管理员密码领取等业务，方便企业经常项目外汇手续办理。

4. 全面推进市场信用建设

围绕信用这一市场核心建立市场监管机制，形成市场信用资产化运行模式，全面推动市场高质量发展。

（1）建立涵盖企业全周期的信用信息系统。一是制定广东自由贸易试验区统一的信用信息共享目录。包括行政许可、行政执法、行政处罚、商事登记、信用评价等各类市场信息和监管信息共2300余项。二是打造统一的市场主体信用信息监管平台。建立由市场准入、质量监管、食品安全、金融服务等9个子系统及专题监管数据项目构成的信用信息监管平台，整合线索核查、执法信息抄告、日常网格化监管、重大事项联合行动、执法证据材料共享利用等五大功能。目前归集近30万家企业超过600万条信用数据。三是探索建立"企业信用画像"。通过社会信用代码、公民身份号码对同一企业的登记（变更）、资质许可、监管处罚、判决、执行、违约等信息进行关联整合，制定企业信用监管指标体系，对企业进行智能风险分级，形成"企业信用画像"，由行业主管部门采取针对性的监管措施。

（2）建立失信联合惩戒机制。率先推出全国首份"市场违法经营行为提示清单"，将1747种违法经营行为按国民经济96个类别和15个市场主体类型进行分类，实现市场监管由事后处理转为事前引导。编制"失信商事主体联合惩戒清单"，明确69项失信行为和81

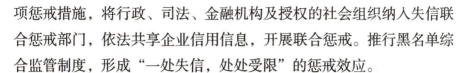

项惩戒措施，将行政、司法、金融机构及授权的社会组织纳入失信联合惩戒部门，依法共享企业信用信息，开展联合惩戒。推行黑名单综合监管制度，形成"一处失信，处处受限"的惩戒效应。

（3）着力探索建设新型金融风险防范体系。一是探索实施与中央金融监管部门协同监管。前海蛇口片区推动中国证监会在区内设立监管办公室，并与中国证监会共建深圳私募基金监管服务平台，与工商、税务、法院等部门实现信息对接和交叉校验，完成对区内4000余家私募机构、1.4万余只产品的备案监管。二是创建基于大数据分析的金融风险评估预警系统。与国家互联网应急中心合作，引入国家互联网金融风险分析技术平台，建立中国自贸区首个国家级金融大数据风控系统，对区内注册的5万余家金融企业实施全方位风险监测防控。南沙片区建设国内首个省级地方金融风险防控平台——广东省地方金融风险监测防控平台，建立非法集资风险监测防控、网络舆情监测、第三方电子合同存证及网络借贷信息中介机构非现场监管四大监管防控子系统。截至2018年3月，南沙已将全部类金融企业及部门涉及敏感企业共9782家接入广东省地方金融风险监测防控平台。[①] 三是实行前置监管。横琴片区设立金融服务专窗，对类金融企业注册实行前置信息采集，启动对类金融企业的规范化商事登记管理，全面构建风险识别体系。

5.紧扣国际化要求，实现制度衔接

与国际制度接轨是自由贸易区设置的制度创新要求，通过制度接轨实现对国际资源的吸引，并形成具有国际性的投资和贸易环境，最后为全国市场运行提供经验。

（1）率先探索制定对标国际的供用电规则。借鉴国际先进供用电模式，在"获得电力"方面先行先试，横琴片区在全国率先制定对

---

① 麦婉华：《广东自贸区金融改革走在全国前列》，《小康》2018年第20期，第70—71页。

标国际的供用电规则，推行低压供电模式、实施受电工程强制监理、取消受电工程现场验收、全面推行预购用电、采取"一站式"服务等改革举措。企业"获得电力"的程序、时间和成本均大幅压缩，业务办理总时间从59天压缩为10天，单一用户可一次性节省受电工程投资约21万元，节约率达80%。

（2）建立健全与国际接轨的法律服务体系。颁布实施《中国（广东）自由贸易试验区条例》，从地方立法上明确容错机制，构建服务保障改革的基本法律框架。推进前海中国特色社会主义法治建设示范区建设，设立自贸试验区法院、检察院、知识产权法庭、金融法庭、海事法院巡回法庭等司法机构，引入知识产权快速维权中心、知识产权司法鉴定中心、全国唯一的国际法律查明研究中心、中科院电子数据取证实验室等机构。在全国首创适用香港法律审结民商事案件，率先建立虚假诉讼失信人制度。引入中国自贸区仲裁合作联盟、粤港澳商事调解联盟及国际航运、海事物流、国际金融等专业仲裁调解中心，发布全国首部自贸试验区临时仲裁规则。区内拥有全国国际化程度最高的仲裁员名册，来自港澳台地区和国外的仲裁员超过40%，受理案件当事人来源超过100个国家和地区。

（3）建立以智能化通关为支撑的贸易便利化模式，打造安全高效的国际化通关服务体系。首先，探索建立高水平的国际贸易"单一窗口"。以"一个平台、一次递交、一个标准"为原则建立国际贸易"单一窗口"，目前已上线运行2.0版，整合形成货物申报、运输工具申报、跨境电商、物流动态等18个功能模块，联通海关、检验检疫、边检、海事、商务、港务等21个业务部门，可以满足海、陆、空、铁、邮等各类口岸业务需求，货物申报上线率达99%，国际航行船舶和海运舱单申报上线率达100%。前海蛇口片区推出"全球中心仓"项目，实现保税货物与非保税货物同仓存储和同仓调拨。

其次，大力推进智能化通关模式改革。一是推出"互联网＋易通关"改革。建立"互联网＋易通关"系统，实施自助报关、提前归类审价、互动查验、自助缴税等9项业务创新，一般货物进出口平均通关时间减少42.6%。二是打造"智检口岸"平台。建立"智检口岸"信息化监管和服务平台，推动检验检疫全流程无纸化改革，全面实施智能化通检。首创原产地智慧审签，相关证书审签效能提升80%。试行船舶卫生检疫"无疫通行"和"特殊泊位检疫"等新型卫生检疫模式，国际航行船舶电讯检疫率达80%以上，通关速度提升50%以上。建立市场采购出口商品集中检管模式，推动验放周期由2~3天缩短为16分钟，查验比例降低90%。三是着力打造"智慧海事"平台。集成船舶、船员、船检、安检、船公司等各类海事信息，对船舶代理公司进行诚信分级，实施船舶进出口岸预申报等制度，构建"先通关后查验"海事通关新模式，实现集装箱班轮和邮轮即靠即卸。

最后，率先建立全球质量溯源体系。以"智检口岸"公共技术服务平台和公证信息接入、溯源码标识、质量溯源查询系统为技术支撑，率先建立全球质量溯源体系，实现对进出口商品"源头可溯、去向可查"的事前、事中、事后全链条闭环监管，从单一部门监管转变为政府、企业和消费者共同监管。目前，全球质量溯源体系已推出2.0版，并在广东省相关口岸推广应用，涵盖一般贸易、跨境电商、市场采购出口等贸易方式，覆盖食品、消费品、汽车等品类，共发码5168万，溯源货值528.6亿美元，共有523.3万人次进行溯源查询。

改革开放是推动中国经济社会发展的主动力，从开办经济特区开始，到加入WTO，中国都在不断探索和创新对外合作模式。随着中国经济发展，特别是2008年国际金融危机之后，中国经济国际化程度迅速提高，也成为全球经济中一支重要的力量，中国"引进来"和"走出去"两大政策实施得更为有效，如何更好地与国际市场接轨，更好地利用国际资源，实现更有效率、更有质量的发展成为对外合作的重要议题。

随着中国经济总量的不断增大，中国经济发展也开始逐步进入改革的深水区，产业结构升级迫在眉睫。实施更大的改革步伐和更深层次的开放，以更全面地参与国际经济合作，是中国经济社会发展增加动力的必然选择。建设自由贸易试验区可以更好地适应中国改革开放的要求。与国与国之间的双边或多边贸易体系建设相比，自由贸易试验区的建设具有完全的自主性，在开放有对象的选择、进程的发展等方面都有可控的特点，自由贸易试验区的开放是一种以局部带动整体、安全而高效的开放。

六

建设粤港澳大湾区：

新时代深化改革开放

的重大战略

习近平总书记在党的十九大报告中指出，要支持香港、澳门融入国家发展大局，以粤港澳大湾区建设、粤港澳合作、泛珠三角区域合作等为重点，全面推进内地同香港、澳门互利合作，制定完善便利香港、澳门居民在内地发展的政策措施。① 一定要把粤港澳大湾区建设得更好，为中国2020年全面建成小康社会、2035年基本实现现代化、本世纪中叶建成社会主义现代化强国，作出大湾区应有的贡献。粤港澳大湾区从一个区域概念正式上升为国家战略，意味着中国对外开放又向前走了重要的一步，标志着新时代新一轮的改革开放的开启。

（一）从粤港澳三地合作到大湾区建设

改革开放40年来，广东、香港和澳门的社会和经济发展均取得惊人的成就，三地的各界别和各阶层人民都分享了多方面的红利。广东毗邻港澳，文化相近，言语相通，对港澳的开放取得佳绩，粤港澳三地优势互补的合作不断扩大、层次不断提升，三地经济得以快速发展。广东每一轮对港澳的扩大开放，包括对港澳的先行先试政策，都促成新的和更深化的改革；而每一轮的改革和开放，三地的生产和生

----

① 习近平：《决胜全面建成小康社会　夺取新时代中国特色社会主义伟大胜利——在中国共产党第十九次全国代表大会上的报告》，人民出版社2017年版，第55—56页。

活要素就更流通，生产力得到进一步的解放，三地的合作和发展都走向一个新舞台、踏上一个新台阶。香港和澳门回归之后，在"一国两制"、"港人治港"、"澳人治澳"、高度自治的框架内，粤港澳三地政府分别成立了合作机制，即"粤港合作联席会议"和"粤澳合作联席会议"，开展全面合作，范围不仅是经济贸易，也包括民生以至环保问题、大气污染的共同治理等等，并且取得显著效果。

香港、澳门回归以来，中央高度重视粤港澳三地合作机制建设，粤港澳合作取得巨大成就。随着 CEPA 的深入实施，中央通过"十二五"规划和"十三五"规划对港澳发展进行了深度布局，以及批准设立深圳前海蛇口、广州南沙、珠海横琴自贸片区等一系列重大举措的陆续出台，粤港澳紧密合作达到了前所未有的高度。"香港湾区"被认为是国内最早的湾区建设设想，后来进一步提出了"珠港澳湾区""环珠江口湾区"等概念。正式提出"湾区"概念是在2005年发布的《珠江三角洲城镇群协调发展规划（2004—2020）》里。特别是2010年，在时任中共中央政治局常委、国家副主席习近平的亲自见证下，粤港签署《粤港合作框架协议》，从此粤港两地通过高层会晤、联席会议、工作会议等机制，建立健全联络小组和专责小组，加强对口部门工作对接，共同研究制定并签署年度重点工作和督查评估报告，涵盖粤港经济、社会、民生、机制等各方面的实质性内容。可以说，粤港合作在制度、基础设施、平台等多方面取得了重大成绩，有力地促进了两地经济社会繁荣发展，为建设粤港澳大湾区奠定了雄厚基础。"大湾区"是2015年在国家发改委、外交部、商务部联合发布的《推动共建丝绸之路经济带和21世纪海上丝绸之路的愿景与行动》中首次被明确提出。2016年12月，国家发改委提出2017年启动珠三角湾区等跨省域城市群规划编制，将香港、澳门和珠三角9市（广州、深圳、珠海、佛山、江门、东莞、中山、惠州、肇庆）作为一个整体来规划，建立和保持湾区城市群之间合理的协作分工关系。规划由国家发改委牵头，会同广东及港澳地区共同编制。2017

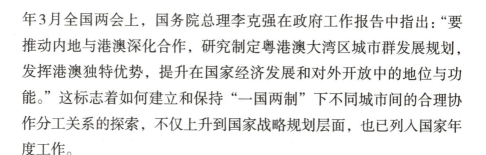

年3月全国两会上，国务院总理李克强在政府工作报告中指出："要推动内地与港澳深化合作，研究制定粤港澳大湾区城市群发展规划，发挥港澳独特优势，提升在国家经济发展和对外开放中的地位与功能。"这标志着如何建立和保持"一国两制"下不同城市间的合理协作分工关系的探索，不仅上升到国家战略规划层面，也已列入国家年度工作。

经过40年的发展，广东、香港和澳门的社会和经济发展逐渐推动形成了湾区经济的发展形态。港深广的经济实力领跑湾区，珠三角中心城市集聚人口，湾区可持续发展的人口动力强劲。香港、深圳和广州是整个湾区的三大龙头城市。在2017年全年实现的 GDP 排名中，香港以23049亿元位居榜首，深圳以22438亿元位居第二，与香港的差距仅为611亿元，广州以21503亿元位居第三。这三个龙头城市体量相当，各具优势。从人均 GDP 水平来看，2017年全国人均 GDP 达5.9万元，湾区城市人均 GDP 达15万元，为全国水平的2.5倍。在人口数量方面，深圳、广州和佛山增长势头非常迅猛。2017年末，广东常住人口总量比2016年增加170万人，达11169万人，占全国人口的8.03%，继续位居全国之首；人口密度每平方公里622人，为全国的4.29倍。同时，常住人口进一步向珠三角中心城市集聚。数据显示，2017年珠三角人口数量比2016年增加152.05万人，比同期全省常住人口增幅高出0.98个百分点；深圳、广州两个超级大城市的人口分别比2016年净增61.99万人和45.49万人，位居全国第一、第二位，两市常住人口增幅占同期全省以及珠三角常住人口增量的63%和71%。目前大多数人认为大湾区仍是以"大珠三角"，即原珠三角9市和香港、澳门两个特别行政区形成的城市群，也有人认为是由香港、澳门、珠海、中山、广州、东莞、深圳全境及其所辖海岛和海域组成。在新一轮发展过程中，工业4.0、制造业高端化和智能化在广东尤其是珠三角的发展空间很大。除了产业基础外，珠三角地区还拥有良好的气候、生活环境、便捷的轨道交通；珠三角形成的"一小时生活圈"，有利于吸引高端制造业所需的高素质人才，产业的快速发展也吸引人口不断流入。随着粤港澳大湾区城市群规划的研究制定，粤港澳合作将进入新的阶段，从过去的跨境产业合作、以区域政府间合作为主的模式，转向由国家规划目标引导的跨境协同发展与跨境区域治理。

"粤港澳大湾区"的政策发展历程及相关规划一览表

规划与政策文本	主要内容	历程
2003年《关于建立更紧密经贸关系的安排》	内地与港澳之间的贸易和投资合作，促进双方共同发展	内地与港澳第一个全面实施的自由贸易协议
2005年《珠江三角洲城镇群协调发展规划（2004—2020）》	将环珠江口地区作为区域核心，实施经济发展与环境保护并重的策略，努力建成珠江三角洲重要的新兴产业基地、专业化服务中心和环境优美的新型社区	正式提出"湾区"概念
2008年《珠江三角洲地区改革发展规划纲要（2008—2020年）》	将珠三角9市与港澳的紧密合作纳入规划，目标是到2020年形成粤港澳三地分工合作、优势互补、全球最具核心竞争力的大都市圈之一	粤港澳地区合作发展的国家政策开始出台
2009年《环珠江口湾区宜居区域建设重点行动计划》	"宜居湾区"是建设大珠三角宜居区域的核心和突破口	将"湾区"作为粤港澳合作的重点区域
2014年深圳市《政府工作报告》	重点打造湾区产业集群，构建"湾区经济"	地方政府工作报告中首次提出"发展湾区经济"
2015年《推动共建丝绸之路经济带和21世纪海上丝绸之路的愿景与行动》	充分发挥深圳前海、广州南沙、珠海横琴、福建平潭等开放合作区作用，深化与港澳台合作，打造粤港澳大湾区	"粤港澳大湾区"第一次被明确提出
2016年《国民经济与社会发展第十三个五年规划纲要》	支持港澳在泛珠三角区域合作中发挥重要作用，推动粤港澳大湾区和跨省区重大合作平台建设	深化"粤港澳大湾区"平台建设

（续表）

规划与政策文本	主要内容	历程
2016年《关于深化泛珠三角区域合作的指导意见》	构建以粤港澳大湾区为龙头，以珠江—西江经济带为腹地，带动中南、西南地区发展，成为辐射东南亚、南亚的重要经济支撑带	专门章节陈述"打造粤港澳大湾区"
2016年《广东省国民经济和社会发展第十三个五年规划纲要》	建设世界级城市群，推进粤港澳跨境基础设施对接，加强粤港澳科技创新合作	地方开始谋划粤港澳大湾区建设
2017年全国两会《政府工作报告》	研究制定粤港澳大湾区城市群发展规划	"粤港澳大湾区"被纳入顶层设计
2017年7月1日，粤港澳三地政府正式签署《深化粤港澳合作 推进大湾区建设框架协议》	党中央对推进粤港澳大湾区建设作出重大决策部署	为大湾区建设确立了行动纲领、明确了重点任务、描绘了美好蓝图
2017年《决胜全面建成小康社会 夺取新时代中国特色社会主义伟大胜利》	要支持香港、澳门融入国家发展大局，以粤港澳大湾区建设、粤港澳合作、泛珠三角区域合作等为重点，全面推进内地同香港、澳门互利合作，制定完善便利香港、澳门居民在内地发展的政策措施，一定要把粤港澳大湾区建设得更好	"粤港澳大湾区"从一个区域概念正式上升为国家战略
2018年8月15日，粤港澳大湾区建设领导小组首次举行全体会议	提出粤港澳大湾区建设要重点把握"四个维度"，明确了粤港澳大湾区建设的"五个战略定位"	"粤港澳大湾区"战略将进入全面启动的新阶段

　　湾区经济是区域经济发展进程中的一种典型形态，既是港口城市都市圈与湾区独特地理形态相结合聚变而成的一种独特经济形态，也是港口经济、集聚经济和网络经济高度融合而成的一种独特经济形态。迄今为止，世界湾区经济发展经历了港口经济、工业经济、服务经济、

创新经济四个阶段，是一个由低端到高端、单一要素到综合性要素共同发展的过程。作为一种成熟的区域经济模式，湾区是各国经济发展的龙头和主力，也是国际之间竞争的重要载体。全世界发达经济国家中约有58个湾区经济体，直接或间接引领着国家经济的发展。据世界银行统计，全球60%的经济总量集中在陆路口区域，世界70%的工业资本和人口集中在距海岸100公里的地区。过去世界范围内已形成日本的东京湾区、美国的纽约湾区和旧金山湾区三大成熟湾区。

与世界级湾区横向对比，粤港澳大湾区的土地面积比其他三个湾区面积总和还大。粤港澳大湾区是中国经济最具活力的区域，粤港澳大湾区仅凭借占比0.6%的国土面积，贡献率占全国GDP总量的12.57%，是中国最具经济活力的湾区。2014年至2017年，粤港澳大湾区GDP实现"四连增"，其经济规模在2016年超过世界第12大经济体俄罗斯，与全球第11大经济体韩国相当。粤港澳大湾区的许多经济指标已经与三大湾区大体相当，2016年GDP为1.38万亿美元，占中国GDP的12%，超过旧金山湾区的0.82万亿美元，接近纽约湾区的1.8万亿美元和东京湾区的1.68万亿美元；GDP增速为7.9%，高于东京湾区的3.6%，纽约湾区的3.5%，旧金山湾区的2.7%；拥有世界500强企业总部16家，接近纽约湾区的22家，旧金山湾的26家，仅与东京湾区70家有较大差距。

四大湾区的基本情况对比（2016）

湾区	面积/万平方公里	人口/万人	GDP/万亿美元	GDP占全国比例/%
东京湾区	3.68	4347	1.80	41.0
纽约湾区	1.74	2340	1.40	7.7
旧金山湾区	1.79	715	0.76	4.4
粤港澳大湾区	5.60	6671	1.38	10.8

数据来源：人民网、中国指数研究院、德勤研究。

从最初的粤港澳三地合作到现在，粤港澳大湾区初步形成了以下特征：一是经济基础雄厚，但存在梯度差异。一方面是粤港澳大湾区经济总量在2017年已突破10万亿元，远超旧金山湾区，跻身全球第二大湾区。另一方面，大湾区内部各个城市的落差较大，既有港澳这样遥遥领先的发达经济体，也有江门、肇庆这两个人均GDP低于内地平均水平的欠发达地区。澳门人均GDP达到了52.1万元，折合美元达7.71万美元，是最后一名肇庆的近十倍。香港以人均31.1万元位居第二，折合4.6万美元。超过大湾区平均水平的还有深圳（17.9万元）、广州（14.8万元），珠海则与平均水平相当。而"世界工厂"东莞，人均GDP只有9.1万元，与平均水平仍有较大距离。这样的落差，也意味着未来大湾区仍有较大的发展空间。尤其是在目前湾区核心城市功能由制造中心向生产服务中心转移，核心城市对周边小城市、外围地区的辐射带动作用更为显著，从而形成产业在湾区范围内的合理梯度分配体系。二是湾区政策环境逐步协同。在港澳回归之后，三地变成在不同管理体制下的国内关系，政治壁垒逐步破除，加上香港在亚洲金融危机中受到创击，政府当局意识形态发生改变，三地在政治交流上更加积极主动，顺利实施了多项有利于湾区合作的政策。港澳回归后的扩散阶段后期及共生阶段，三地已普遍接受一体化发展思路，规划合作也逐渐从战略层面落实到空间上。在粤港澳大湾区规划出台后，珠三角一体化将明显提速，东西两岸、城市之间的资源流通也将更为频密，尤其是港珠澳大桥、深中通道的打通，将对珠三角城市群产业布局产生深远影响。三是交通网络越发便利。大湾区内交通网络发展迅猛，海陆空基础设施不断扩容发展。湾区拥有五大机场，初步形成覆盖国内主要城市、通达五大洲重要城市的航线网络，2016年旅客1.85亿人次，货邮737万吨，超过纽约、伦敦、东京等世界级机场群，位居全球湾区机场群之首。高速公路、高速铁路、城市轨道在各个城市相互"交叉交错"，已基本形成以广州、深圳枢纽为中心，连通粤东西北和辐射中南、华东、西南地区的路网格局。航港方面，粤港澳大湾区河网密布，港口云集，珠江通航能力仅次于长江，居全国第二位，自古以来便是中国南部内外贸易沟通的重要枢纽，与海上丝绸之路的沿海沿线的国家与地区均有着密切的海上往来。目前，大湾区共拥有3个吞吐量位居世界前十的集装箱港口（深圳港、香港港和广州港），亿吨大港达到6个。大湾区的海陆空交通已初步形成城市互联、区域融合的态势。

目前，粤港澳大湾区经济已经逐步成为新常态下中国经济的转型发展的新的增长极。

（二）《框架协议》：大湾区建设的重要制度文本

2017年7月1日，在习近平主席见证下，国家发改委及粤港澳四方在港签署了《深化粤港澳合作 推进大湾区建设框架协议》（简称《框架协议》）。《框架协议》根据粤港澳三地产业优势，提出各自分工。其中，广东省主要构建科技、产业创新中心和先进制造业、现代服务业基地；香港主要巩固和提升国际金融、航运、贸易三大中心地位，强化全球离岸人民币业务枢纽地位和国际资产管理中心功能，推动专业服务和创新及科技事业发展，建设亚太区国际法律及解决争议服务中心；澳门主要建设世界旅游休闲中心，打造中国与葡语国家商贸合作服务平台，建设以中华文化为主流、多元文化共存的交流合作基地。《框架协议》迈出协同发展坚实的一步，标志着粤港澳大湾区建设全面启动。

1.《框架协议》更好地推动了大湾区建设

《框架协议》开宗明义提出合作宗旨："全面准确贯彻'一国两制'方针，完善创新合作机制，建立互利共赢合作关系，共同推进粤

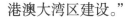

港澳大湾区建设。"

首先，《框架协议》表明了中央的态度。粤港澳大湾区框架协议的签署活动，其实意在表明一种态度：中央对保持港澳长期繁荣稳定、深化粤港澳合作发展的高度重视，粤港澳大湾区建设已上升为国家战略。《框架协议》明确了合作的宗旨、目标和原则，确定了合作的重点领域，并对相关的体制机制做了安排。"一国两制"方针的凸显，标志着港澳特别是香港在粤港澳大湾区中的特殊功能和定位。香港面临传统优势相对减弱，新的经济增长点尚未形成的挑战，急待解决住房等突出的民生问题，粤港澳大湾区建设为香港拓宽了发展空间。深度参与粤港澳大湾区建设，拓展和利用更大的发展空间，香港首先需要深化与深圳的合作。对香港参与大湾区建设而言，深港合作的深度和宽度具有指数功能和风向标意义。《框架协议》为粤港澳参与全球竞争，打造具有全球影响力、竞争力的湾区提供了难得的机遇；为广东牢记习近平总书记嘱托，践行"四个走在全国前列"，扎实推进大湾区全面开放，确保"一国两制"伟大事业行稳致远具有重要意义。

其次，《框架协议》明确了战略功能定位。粤港澳地区是中国最具有创新活力的地区，粤港澳大湾区的发展具有极其重要的意义，把粤港澳大湾区发展好，是实现一举多得的重大战略。因为它承载了中国三个很主要的战略：一是创新发展战略，二是区域发展战略，三是新型城市化战略。《框架协议》对广东、香港和澳门三地的功能进行了明确的定位：广东要构建科技、产业创新中心和先进制造业、现代服务业基地，香港是国际金融、航运、贸易三大中心以及全球离岸人民币业务枢纽和国际资产管理中心，澳门则是世界旅游休闲中心、中国与葡语国家商贸合作服务平台。

最后，《框架协议》开启了更高层次的开放。对外开放是广东现代化建设不断取得新成就的重要法宝，一直以来也是广东的优势所在。新时代、新环境、新机遇、新起点，粤港澳大湾区规划建设的宏伟蓝图契合了时代发展的新要求。党的十九大报告提出的全面开放内涵丰富，既包括开放范围扩大、领域拓宽、层次加深，也包括开放方式创新、布局优化、质量提升，是习近平新时代中国特色社会主义思想的重要内容。粤港澳大湾区将为港澳地区提供更大的发展空间，以差异化的制度优势构造区域发展竞争优势，在维护国家统一、城市化发展、国家进一步开放、国家体制改革以及科技发展进步等方面具有重要意义。粤港澳大湾区必将开启中国进一步走向世界、发展更高层次开放型经济的新征程。

2.互联互通、创新合作、产业协调——蓝图变通途

在中国发展昂首步入新时代的宏大背景下，粤港澳大湾区建设的蓝图正化为脚步坚实的行动——从推进基础设施互联互通到提升市场一体化水平，从探索科技创新合作到谋划构建协同发展的产业体系，迈开了打造国际一流湾区的步伐，生动展现出中国特色社会主义新时代和"一国两制"新实践的勃勃生机。

（1）基础设施互联互通为大湾区"通脉"。为了更密切地连接湾区城市群之间的经济、物资、交通的联系，粤港澳大湾区从海、陆、空三个层次全方位规划未来的交通布局。其中，跨海交通包括港珠澳大桥、深中通道、虎门二桥等；高铁项目包括赣深高铁、广深港高铁；机场项目是以香港国际机场、深圳宝安机场、广州白云机场为核心，以澳门机场、惠州机场、连溪机场为辅助的一个体系。目前，粤港澳三地已经形成以中心城市为节点，由轨道、公路、水路和航空等多种方式组成的互联互通交运体系。2017年广东高速通车总里程达8338公里，连续四年保持全国第一，与陆路相邻省份均开通4条以上出省通道；深中通道实现"当年开工、当年成岛"，虎门二桥两座超千米悬索桥主缆架设完毕；港珠澳大桥全线贯通、已具备通车条件，在珠江口形成了连接深港、广佛和珠澳三大经济圈的闭合快速路网，形成粤港澳大湾区城市群空间结构的重要骨架，充分打开了大湾区发

展的想象空间。

轨道交通实现公交化，打造湾区"一小时城轨交通圈"。预计到2020年，粤港澳区内铁路运营里程将达5500公里，其中高速铁路运营里程达2000公里。此外，城市内部轨道交通运营里程将达1400公里，香港、广州、深圳等中心城市轨道交通网基本建成。粤港澳大湾区轨道交通里程与密度将超越纽约湾区和旧金山湾区，接近东京湾区内3100公里通勤轨道的水准。

新建两座大型机场，打造国际航空运输枢纽。为配合粤港澳大湾区国际航空枢纽的目标，区域内还将新建设选址于佛山高明的珠三角新干线机场，并大规模扩建位于惠州平潭的惠州机场。预计区域内机场旅客年总吞吐量将达到2.5亿人次，货邮吞吐量将突破1000万吨。跨境口岸升级，推进粤港澳三地"无缝"衔接。粤港澳三地正加快整合港深、珠澳陆路跨境口岸资源，完成皇岗—落马洲口岸和沙头角口岸的升级改造，推动莲花—横琴口岸的改扩建工程，并新建莲塘—香园围口岸、粤澳新通道等基础设施，建设深港西部快速轨道建设。预计到2020年，粤港澳三地将形成顺畅安全的口岸客货通关，依托公路网与轨道网形成粤港澳三地"无缝隙"快速衔接。港口联盟推动经贸互通。作为海上丝绸之路的重要门户，湾区对接多国港口形成"一带一路"港口联盟，促进沿线国家经贸互通。

（2）科技创新合作为大湾区"充电"。粤港澳大湾区提出打造全球创新高地，通过结合香港的金融、深圳的创新，与广州、珠海、东莞等地的现代制造，粤港澳大湾区很容易形成研发—募资—制造—产业化—贸易运输的创新链和产业链。《深化粤港澳合作　推进大湾区建设框架协议》签署以后，国家赋予的一个重要任务就是共同来打造粤港澳大湾区国际科技创新中心。为了更好地实现科技创新合作，真正为大湾区"充电"，广东重点抓好两个建设来打造科技创新中心。一是加快建设广深科技创新走廊，把广深科技创新走廊建设作为粤港澳大湾区国际科技创新中心的主要承载区，下一步要进一步完善与香港、澳门的合作机制，促进该走廊市场的优势跟港澳的科研信息的优势结合。二是在国际科技创新中心方面加强重大区域创新合作平台的建设，推进南沙、前海、横琴以及江门大广海湾经济区、中山澳门"粤澳全面合作示范区"等重要的粤港澳合作平台建设。

从人才集聚方面看，为充分吸引高端人才推动湾区建设，广东省加快"粤港澳人才合作示范区"建设，创立"粤港澳高校联盟"，推动三地高校加强合作、加快资源聚集整合，为湾区建设培养高素质人才。深圳的人才、科技资源，当初几乎为零，经过40年不懈努力，率先构建以企业为主体、以市场为导向、产学研深度融合的技术创新体系，形成了"4个90%"的鲜明特征，即90%的研发人员、研发机构、科研投入、专利生产集中在企业。2017年，深圳全社会研发投入占GDP比重4.13%，接近全球最高的韩国、以色列水平；PCT国际专利2.04万件，占全国的43.1%，连续14年居全国城市第一位；各类人才总量超过510万人，占全市常住人口的42.9%。深圳设立4家由诺贝尔物理学奖、化学奖获得者领衔的实验室，还积极在美国、欧洲和以色列等布局海外创新孵化器。数据显示，深圳企业和机构在海外新设立投资200万美元以上的研发中心，累计已达370多家。

（3）产业协同发展为大湾区"压舱"。从改革开放至今，制造业在广东的经济发展中始终扮演着重要角色，并助力广东成为中国经济第一大省。粤港澳大湾区建设提出"高端制造在珠三角"，推动制造业转型升级，向全球价值链高端迈进，培育战略新兴产业集群，产业协同发展成为大湾区"压舱石"。

经过多年的发展积累，广东省的先进装备制造业已经形成了自己的布局，广州、东莞、珠海等成为重要的制造业重镇。2014年，广东省提出珠海市、佛山市、中山市、江门市、阳江市、肇庆市和佛山市顺德区共同建设珠江西岸先进装备制造业产业带，通过发挥各市优势形成集聚效应，以点带面，推动珠江西岸形成以大型企业和优势产品为龙头、中小企业和配套产品为基础、产业链完整、产业集群发达的先进装备制造发展格局。截至2017年，粤港澳大湾区（内地城市）的百万人均上市公司数量及人均市值均超过了京津冀和环杭州湾地区，增速保持稳定。产业结构方面，2001年至2017年，粤港澳大湾区（内地城市）逐步开展了针对产业结构优化调整的改革，包括传统优势产业升级、战略新兴产业培育等，经济增长由以往的九大支柱产业驱动，转变为先进制造业、现代服务业、高新技术产业联合驱动。

（三）粤港澳携手扩大对外开放：大湾区建设的新使命

建设粤港澳大湾区，是习近平总书记亲自谋划、亲自部署、亲自推动的国家战略。建设粤港澳大湾区必须立足广东、辐射内地、面向世界，沿着"特色化、枢纽化、国家化、高端化"的建设路径，以新理念和新举措促进粤港澳大湾区对外开放的发展，成为国家新一轮对外开放的"新支点"。

加快推动粤港澳大湾区的深度融合发展。"特色化"是指发挥"一国两制"优势，打造多中心组团格局。"枢纽化"是指对内辐射泛珠三角地区，对外连接海上丝绸之路经济带。"国际化"是指将粤港澳大湾区打造成中国"引进来"和"走出去"双向投资重要平台，双轮驱动国际化进程。"高端化"是指立足科技创新产业转型，促进高端服务业与制造业的有效结合，促进高端要素的集聚。未来粤港澳大湾区的发展要再次提速，就要在以下几方面不断努力。

1. 携手港澳建设高水平对外开放门户

面对未来几年的全球政治和经济环境，粤港澳三地要有新的大发展，就必须在符合港澳基本法的前提下，有新一轮而且是力度较大的改革和开放，释放市场力量，让市场在大湾区城市群之间的资源（包括生活和生产要素）配置中发挥最大的作用。

要做好粤港澳三地多层面的业务沟通和对接工作。在每一项政府对政府层面的规划工作完成后，要马上进行政府对企业（包括外国在三地的企业）层面的推介、说明和对接工作，同时要鼓励和组织三地企业和其他民间机构之间的业务对接。要取得社会和经济发展的实效，必须通过企业和其他民间机构的合作，因此要扩大合作范畴，就必须扩大三地企业和民间机构的沟通、交流和业务对接。目前，香港和澳门融入国家发展大局、服务国家发展大局的政治条件已经具备。大家正确地认识到粤港澳的进一步合作，完全可以与"一国两制"、"港人治港"、"澳人治澳"、高度自治并行不悖。因此，在过去40年成功经验的基础上，我们要以全面改革开放的精神引领规划工作，要做到政策创新、协调发展和互利共享。

（1）依托香港，推动深圳前海的对外开放合作。前海蛇口片区与香港隔海相望，紧邻香港国际机场和深圳机场两大空港，定位为中国金融业对外开放实验示范窗口、世界服务贸易重要基地和国际性枢纽港。2012年12月，习近平总书记视察前海，强调要"依托香港、面向世界"[①]，这是党的十八大后习近平总书记基层视察的第一站。2010年以来，国家先后赋予前海深港合作区及前海蛇口自贸片区15项重要使命，其中包括粤港澳深度合作示范区和"一带一路"倡议支点等。该区已成为国家新一轮改革的战略前沿、开放的热土和创新的高地，被誉为"特区中的特区"。

目前，前海已基本形成横跨不同行业、多元化、多层次的金融生态圈和集聚港口、商务、商业等功能为一体的国际化滨海新区。前海

---

① 《改革不停顿 开放不止步——习近平总书记考察广东纪实》，《南方日报》2012年12月13日。

深港基金小镇是前海标志性的产业项目，是中国自贸区内第一个基金小镇，已于2018年10月1日开园运营。截至目前，瑞士银行、中旅产业基金、工商银行、招商银行、广发证券等超过60家知名金融机构已与基金小镇达成入驻协议。基金小镇通过基金产业聚集，重点引进风险投资基金、对冲基金、大型资产管理等各类财富管理机构，结合与知名银行、券商、律所、会所、金融媒体资讯等第三方金融服务机构的战略合作，为入驻机构提供"管家式"服务，构建金融生态圈。为完善基金小镇扶持政策体系，进一步加快全球资本集聚，基金小镇正在配合前海管理局研究制定关于投资基金业的更具普惠性的相关扶持政策，预计在深圳市现有的金融扶持政策上加大奖励力度、降低奖励门槛，内容涉及落户一次性奖励、人才保障房、租金返还、高管税收优惠等。

（2）配合澳门，推进珠海横琴的对外开放合作。作为珠江口西岸唯一的自贸片区，横琴具有独特的开放优势，启动建设三年来，在打造粤港澳深度合作示范区方面取得重要进展，对澳合作全面深化、对港合作全新升级，打开了全面开放新格局。

横琴新区片区经莲花大桥与澳门相连，定位为文化教育开放先导区和国际商务服务休闲旅游基地，打造促进澳门经济适度多元发展新载体。目前，港澳金融、商贸、文化、旅游、会展等企业竞相入驻。在深化对港澳合作方面，横琴坚持"面向世界、优先港澳"的原则，配合澳门"一中心一平台"建设，与港澳坚持携手共进、优势互补、协调发展。粤港澳深度合作示范区建设取得积极成效，目前在横琴注册的港澳企业有2490家，其中澳资企业有1284家。粤澳合作中医药科技产业园作为《粤澳合作框架协议》下首个落地项目，通过加强以技术为主的公共服务平台建设和以业务为主的国际交流合作平台建设的发展策略，成为促进澳门经济适度多元化和粤澳中医药产业发展的重要载体。产业园注册企业85家，其中澳门企业24家，占28.24%。前期发展中心已投入使用，GMP中试大楼、研发检测大楼、科研总部办公大楼等配套设施，已于2017年9月全面落成并投入使用。在国际交流合作方面，产业园已与莫桑比克卫生部、葡萄牙食畜总局等葡语系国家医药卫生机构建立合作关系，促进中医药和健康产品的国际注册和服务贸易。

（3）合作港澳，提升广州南沙对外开放水平。南沙港作为南中国最大的单体港口，未来南沙新区片区在粤港澳大湾区发展中，航运物流将作为重要抓手，必须发挥优势，实现错位发展。南沙新区片区位于珠江三角洲地理几何中心，距香港、澳门的海上航程为38海里和41海里，定位为以生产性服务业为主导的现代产业新高地和具有世界先进水平的综合性服务枢纽。目前已建立起航运物流、高端商务和商贸、科技智慧、高端设备等为主导的现代产业体系。广州、佛山、中山三市国企签约合建广州港南沙四期项目工程，成为粤港澳大湾区城市合作的一个示范。

南沙对外开放水平不断提升。与港澳合作不断深化，启动粤港澳深度合作区起步区土地平整及征地拆迁工作。据了解，2018年上半年南沙新区片区新设企业16587家，同比增长84%；新增注册资本4661.3亿元，同比增长165%；新引进世界500强企业投资项目19个，目前已落户南沙的世界500强企业投资项目118个、总部型企业103家。累计落户港澳投资企业1551家，成立了南方国际产能和技术合作中心、中国贸促会（广东）自由贸易试验区南沙服务中心，与爱尔兰香农自由区等建立了战略合作关系。

2.全面参与国际经济合作

区域合作是全方位和多元化的合作，因此在谋划粤港澳大湾区的共同发展中，我们必须拓宽视野，在传统的合作以外，考虑新的和更多元更全面的合作范畴。未来，我们要大力推动大湾区城市群之间的"官产学研"合作，尤其是香港各大学的先进研发力量和广东产业的生产力量的结合。粤港澳三地的官方科研经费应该容许跨境使用，科技人员跨境工作的手续应该便利化，并且应该减少跨境科技人员的税赋障碍。同时，更好地促进香港的出口贸易和广东的制造业的合作。香港的贸易公司，即使是只有几个员工的小型公司，都有长期和丰富的国际经营经验，有广泛的国际联系，同时有灵活的应对复杂多变的国际环境的能力，可以协助为广东自主创新的产品开拓外销市场。

推进重点产业领域加快开放发展。粤港澳大湾区应坚持产业开放的基本理念，明确粤港澳大湾区产业开放重点，逐步放开育幼、建筑设计、会计审计、商贸物流、电子商务等服务领域外资准入限制，积极推进新一轮对外开放背景下粤港澳大湾区发展战略和建设路径。探讨银行、保险、证券、教育、文化、医疗等有序开放，鼓励外资更多投向高新技术、战略性新兴产业以及现代服务业，创新产业开放发展新模式。

构建系统性开放型经济新体制。紧紧围绕制度创新这一核心任务，积极对接 TPP（跨太平洋伙伴关系协定）、TTIP（跨大西洋贸易与投资伙伴协定）、TISA（服务贸易协定）、BIT（双边投资协定）等国际经贸合作新规则，以防范风险为底线，在商事登记、贸易监管、金融开放创新、事中事后监管等领域进行系统性制度改革，并注重加强系统集成，逐步完善法治化、国际化、便利化营商环境，以系统性的制度开放促进高水平的对外开放。

实施产业定制化的精准开放策略。针对不同产业、特别是不同服务业的不同特点，以提升产业链分工地位和产业竞争力为目标，瞄准细分领域、把握关键环节、强化风险防范，制定产业定制化的开放措施，实施产业定制化的精准开放策略。

3. 携手开拓国际市场

粤港澳大湾区代表的是通过进一步扩大开放和对标国际规则，在新时代提升珠三角城市群的对外开放水平。广东与香港充分对接，是内地市场与国际市场充分对接的缩影，也是香港经济走向多元化、提升核心竞争力的必由之路。粤港澳大湾区可以通过大规模"引进来""走出去"等方式，促使中间品、知识、技术、资本、人员、服务等经济要素在全球范围内流动和优化组合，全面参与全球价值链分工，充分融入全球化经济发展中，同时积极参与全球经济治理，学习国际先进发展经验，成为全球化经济的贡献者和受益者。

充分挖掘开放发展的内生动力。对湾区内部，发挥自贸试验区、双边国际合作产业园等平台和载体的协同效应，提升功能。在湾区外部，服务于"一带一路"建设，以"一带一路"沿线国家和地区为重点，深入推进开放与合作。服务于自贸区战略，推进FTA（自由贸易协定）框架下的双边国际合作产业园建设，发挥互补优势，继续探索采取"两国双园"等新模式建设双边国际合作产业园，加强统筹协调，推动合作共赢，创新与国外产业协调发展新模式。

作为全国对外开放程度最高的区域，粤港澳三地对于国际先进制造业和现代服务业的吸引力应该是最大的，加上与国际接轨的营商环境的不断完善，会吸引越来越多的民营企业与国际先进制造商和现代服务业的提供商加强合作，并且与科技创新资源融合与互动，打造中国版的"硅谷"。须知单凭广东的任何一个城市甚至港、澳两个特区怎样单打独斗，都无法实现中国的"硅谷梦"，只有粤港澳三地联手发力才有机会得以实现，这正是三地共建开放型经济新体制的着力点。为了实现上述构建开放型经济新体制的目标，粤港澳三地应该共同合作，以尽快提升该区域在国际化产业分工体系中的地位。

4. 联手营造良好的营商环境

充分利用广东经济外向程度高的优势，与香港联手营造与国际接轨的良好营商环境。尽快聚集一批有影响力的先进制造业项目，如3D打印、无人机、虚拟现实等，当粤港澳三地特别是广东的先进制造业项目集聚到了一定的规模时，广东在国际化分工体系之中就不再只是以加工制造业的面目出现，从而提升广东在国际化产业分工体系之中的地位。

加快粤港澳大湾区与世界级城市群的建设步伐。粤港澳的融合发展本身就是提升广东在国际化产业分工体系之中的地位的最好的对策和出路。因为港澳是国际城市，广东实现与港澳的融合与对接，因得益于港澳特别是香港的国际金融中心和现代服务业的支持，广东和内地其他省市在参与国际化产业体系的分工的过程中将会更有底气，优势也就更为明显。

（四）大湾区建设的重要战略意义

建设粤港澳大湾区是实现中国梦的伟大实践，也是推进国家"一带一路"倡议的重要举措。与世界级大湾区不同，粤港澳大湾区是在一个主权国家内三个独立关税区高度合作的重要尝试。建设粤港澳大湾区独具时代意义与战略眼光，无论是政治层面的繁荣稳定，还是经济层面的创新发展，还是社会层面的协同发展，都具有重要战略意义。

1.为港澳繁荣稳定注动能

推进建设粤港澳大湾区，有利于深化内地和港澳交流合作，发挥港澳独特优势，提升在国家经济发展和对外开放中的地位与功能，为港澳注入新动能，对港澳参与国家发展战略、提升竞争力、保持长期繁荣稳定具有重要意义。

香港曾经作为自由贸易港和国际大都市，拥有发达的市场体系，对内地的开放和经济建设立下了不可磨灭的功劳。但由于地域狭小，制造业"空心化"，产业结构失衡等诸多因素，这些年其国际竞争力

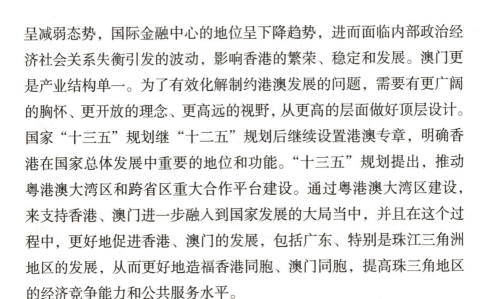

呈减弱态势，国际金融中心的地位呈下降趋势，进而面临内部政治经济社会关系失衡引发的波动，影响香港的繁荣、稳定和发展。澳门更是产业结构单一。为了有效化解制约港澳发展的问题，需要有更广阔的胸怀、更开放的理念、更高远的视野，从更高的层面做好顶层设计。国家"十三五"规划继"十二五"规划后继续设置港澳专章，明确香港在国家总体发展中重要的地位和功能。"十三五"规划提出，推动粤港澳大湾区和跨省区重大合作平台建设。通过粤港澳大湾区建设，来支持香港、澳门进一步融入到国家发展的大局当中，并且在这个过程中，更好地促进香港、澳门的发展，包括广东、特别是珠江三角洲地区的发展，从而更好地造福香港同胞、澳门同胞，提高珠三角地区的经济竞争能力和公共服务水平。

2. 为参与全球经济治理做实验

中国作为全球化进程中获益最大的国家之一，继续与国际接轨也是必须的。虽然中国积极参与全球化，但与国际上其他国家相比还有很多不足之处。目前，中国的发展处在转型升级的瓶颈阶段，如何进一步全球化，参与全球经济治理？如何在与国际的交流中反思当下发展模式可能面临的问题，学习西方先进的管理经验以及为社会经济服务的体系？这一过程，如同30多年前设立深圳特区一样，需要有一个开放的载体、一个改革的试验田。国际上比较通用的参与全球化的措施是设立自贸区，中国也在进行由经济特区向自贸区的转变，粤港澳大湾区其实是另一种形式的自贸区。目前设立的粤港澳大湾区，内部的粤港澳地区无论是社会制度还是经济形态，都是复杂的、多元化的。如果连粤港澳大湾区的市场都不能统一起来，不能促进要素、资源的自由流动，中国就更不可能应对全球市场。这是因为，在海外市场、在未来"一带一路"倡议的推广中，中国不仅要应对西方国家的价值观，还要应对中东国家的价值观，应对各种经济体制、各种文化背景的合作伙伴，其多元化程度远比粤港澳三者之间要复杂得多。这将进一步深入全球化试验，同时还将为中国的社会主义市场经济理论体系提供一大实践经验。粤港澳大湾区规划建设，是中国进一步融合世界、参与全球经济治理的一次实验。这将丰富中国社会主义市场经济理论体系，同时还能带动"一带一路"倡议的推广。

3. 为"一带一路"倡议作支撑

建设粤港澳大湾区，将会有效提升"一带一路"沿线的经济规模聚集、市场要素流通和区域经济的辐射带动作用，进而更好地推动"一带一路"自由贸易区网络的尽快形成和发展，有利于服务于国家众多区域发展战略以及保持周边稳定等国际利益与战略目标，是落实与服务"一带一路"倡议的重要支撑平台。

粤港澳大湾区最早是在《推动共建丝绸之路经济带和21世纪海上丝绸之路的愿景与行动》中提出来的，除了为社会主义市场经济理论体系提供实践经验，粤港澳大湾区还起着带动"一带一路"的作用。粤港澳大湾区是21世纪海上丝绸之路战略的支撑区。21世纪海上丝绸之路的两条路线：一是从中国沿海经马六甲海峡到印度洋，延伸至欧洲，二是从中国沿海经印尼抵达南太平洋、澳大利亚，粤港澳大湾区都是起点之一。如果把粤港澳大湾区分离开来，各区域的经济体量并不足以称为"21世纪海上丝绸之路"的起点，但经过整合为一体的"大湾区"就能达到相应的经济体量。中央政府在制定"十三五"规划纲要和设计"一带一路"愿景与行动时，均把支持香港参与和助力"一带一路"建设作为重要的政策取向。首先，香港在"一带一路"建设中具备区位优势、先发优势、服务业专业化优势和人文优势，是"一带一路"建设的一个重要节点，能够发挥重要作用。而广东，历史上就是古代海上丝绸之路的起点之一。据广东省国税局数据，截至2017年5月，广东共有"走出去"企业1457户；2014年以来新增"走出去"企业648户，其中45%选择在"一带一路"沿线国家进行投资；

2016年广东对"一带一路"沿线国家的实际投资超过40亿美元，同比增长65.3%。其次，湾区内资源的整合也会使得各城市之间由竞争关系变为协同关系，提高资源利用效率。大湾区的整合，也是为将来避免"一带一路"中可能面临的文化冲突问题进行准备。香港作为国际自由贸易港，整合粤港澳大湾区，内地可以学习香港在经济与社会中的管理体系与服务经验。

4.为区域经济发展求平衡

粤港澳大湾区仍存在一些经济发展不平衡。粤港澳大湾区包括广东省的9个市，加上香港、澳门在内，一共有5.6万平方公里，有6956万人，2017年经济总量已超过10万亿人民币，大约相当于1.47万亿美元。与世界上著名的几个大湾区，包括东京大湾区、旧金山大湾区、纽约大湾区，都可以比肩。经济总量超大的广州和深圳（尤其是深圳）由于土地面积的关系，制约了其经济再往前大迈步的发展，粤港澳大湾区战略不仅能够解决这些特大城市容量小的问题，还能拉动珠三角地区的整体经济水平的提升，成为世界发达的经济合作区，进而对中国跨越中等收入陷阱做出贡献。这对于发挥港澳独特优势，提升港澳在国家经济发展和对外开放中的地位与功能，对于深化内地与港澳合作，都有着重要的战略意义。

5.为经略南海谋战略

海洋经济是中国重要的发展战略，而南海对中国的战略地位越来越重要。美国页岩气开采将国际油价从桶每100美元降到40美元，中国可燃冰的开采也将掀起世界能源革命。中国是个资源消耗大国，全国可燃冰资源储存量约相当于1000亿吨石油，其中有近800亿吨在南海。早在2016年6月25日，国土资源部广州海洋地质调查局就首次发布了"海马冷泉"的科考成果，中国发掘"可燃冰"目标已迈出第一步。同一天，"中国地质调查局天然气水合物工程技术中心"在广州正式挂牌。粤港澳大湾区作为南海周边科技经济最发达的地区，成为中国南海经济谋略的前沿。

6. 对标国际先进制造的引领区

放眼世界，中国新一轮全面开放的新格局是"陆海内外联动、东西双向开放"，中国仍然需要向发达国家学习先进科技。作为制造大国，中国当前80%的出口额是工业制成品，而广东是对外贸易第一省，世界集装箱港口排名：深圳港第3，香港港第4，广州港第7。

粤港澳大湾区是全国工业门类最齐全的地区，拥有国家统计局产业分类中的全部门类，形成完整的工业体系。作为曾经的"世界工厂"，有雄厚的产业基础、完整的产业链、高素质的产业工人，产业集聚特点明显，上下游关联强劲。多年来的产业转型升级和创新驱动战略，工业基础能力进一步增强，产业技术基础不断夯实，智能制造水平得到提升，是中国产业创新重地。已形成东岸知识密集型产业带、西岸技术密集型产业带和沿海生态环保型重化产业带，而且产业基金比较充足，与发达国家制造业投资贸易往来密切。对标发达国家先进制造，粤港澳大湾区已积累了40年经验，独具优势。粤港澳大湾区的规划要从全球坐标出发，谋划增创竞争新优势，强化港澳地区的"超级联络人"地位，进一步推动国际科技产业创新中心的形成。

建设粤港澳大湾区意义深远，因此要发挥粤港澳对外开放的独特优势，把粤港澳大湾区建设成为带动地区经济发展和实施区域发展战略的重要载体、构建开放型经济新体制和培育吸引外资新优势的排头兵、科技创新驱动和绿色集约发展的示范区，推动实施中国新一轮高水平对外开放。

粤港澳地区具有改革开放的先天优势，随着更多的配套政策出台，后续基础设施的进一步完善，以及内地与港澳在制度与文化等方面的进一步交流沟通，未来粤港澳大湾区将形成效率更高的资源配置体系，整体经济的对外开放程度将进一步扩大。放眼未来，粤港澳大湾区的经济体量还将继续提升，综合实力继续增强，在全面开放中起到桥头堡、排头兵的作用，在中国乃至世界经济中发挥的作用会越来越大，将成为中国全方位开放新格局的新坐标。

七

当好『两个重要窗口』：
推动广东改革开放再出发

40年的开拓进取、40年的风雨兼程、40年的万众一心图发展，广东以思想解放为前提，以创办经济特区为开端，经历了设立沿海开放城市、建立经济开发区、设立自由贸易试验区以及建设粤港澳大湾区等进程，层层推进，逐步展开，以开放推动改革，以改革促进开放，使改革开放的种子落地、生根、发芽直至长成参天大树，推动了中国特色社会主义事业的飞跃性发展。

过去的40年，我们凝聚一切力量谋发展，经过40年的努力，我们的经济社会发展水平取得了长足进展。如今，我们面临的任务是如何谋取更平衡、更充分、更高层次的发展，如何在国内经济水平取得较高发展水平的同时，在国际上寻求更多平等发展的权利和机会。这是新时期赋予广东的新使命担当，广东必须迎难而上，在全国的改革开放升级中继续充当好排头兵、先行地、实验区，直面新的挑战，解决好广东问题，为全国改革开放提供新鲜经验。

（一）必须牢记嘱托担负起新时期的广东使命

在庆祝改革开放40周年大会上，习近平总书记强调，改革开放是决定当代中国命运的关键一招，是坚持和发展中国特色社会主义的必由之路，是实现中华民族伟大复兴的关键一招。^① 2012年12月，习近平总书记首次离京考察就来到了改革开放的前沿阵地——广东，并强调全党全国各族人民要坚定不移走改革开放的强国之路，做到改革不停顿、开放不止步，为全面建成小康社会、加快推进社会主义现代化而奋斗。习近平总书记还指出："现在我国改革已经进入攻坚期和深水区，我们必须以更大的政治勇气和智慧，不失时机深化重要领域改革。"^② 深化改革开放，要坚持正确方向，敢于啃硬骨头，敢于涉险滩，既勇于冲破思想观念的障碍，又勇于突破利益固化的藩篱。习近平总书记希望广东继续在改革开放中发挥窗口作用、试验作用、排头兵作用，为经济社会发展增添新动力，为全国改革开放全局提供新鲜经验。

习近平总书记在2012年视察广东时，就对广东提出"三个定位、两个率先"的期望，即广东要努力成为发展中国特色社会主义的排头兵、深化改革开放的先行地、探索科学发展的试验区，为率先全面建成小康社会、率先基本实现社会主义现代化而奋斗。^③

2017年4月4日，习近平总书记对广东工作作出重要批示，充分肯定党的十八大以来广东的各项工作，希望广东做到"四个坚持、三个支撑、两个走在前列"，即坚持党的领导、坚持中国特色社会主义、坚持新发展理念、坚持改革开放，为全国推进供给侧结构性改革、实施创新驱动发展战略、构建开放型经济新体制提供支撑，努力在全面建成小康社会、加快建设社会主义现代化新征程上走在前列。^④

2018年3月7日，习近平总书记参加十三届全国人大一次会议广东代表团审议时强调，发展是第一要务，人才是第一资源，创新是第

---

① 《在庆祝改革开放40周年大会上的讲话》，《人民日报》2018年12月19日。

② 《习近平：增强改革的系统性整体性协同性 做到改革不停顿开放不止步》，《人民日报》2012年12月12日。

③ 《改革不停顿 开放不止步——习近平总书记考察广东纪实》，《南方日报》2012年12月13日。

④ 《习近平总书记对广东工作作出重要批示》，《南方日报》2017年4月12日。

一动力。新时期，广东要继续弘扬改革创新精神，继续深化改革、扩大开放，以新的更大作为实现"四个走在全国前列"，即在构建推动经济高质量发展体制机制、建设现代化经济体系、形成全面开放新格局、营造共建共治共享社会治理格局上走在全国前列。新时期，广东更要承担起"两个重要窗口"的重要定位和光荣使命——"广东既是向世界展示我国改革开放成就的重要窗口，也是国际社会观察我国改革开放的重要窗口"。①

从"三个定位、两个率先"到"四个坚持、三个支撑、两个走在前列"，再到"四个走在全国前列"和"两个重要窗口"。习近平总书记始终将广东作为中国特色社会主义的排头兵，作为改革开放先行先试先锋，作为创新发展的试验区，赋予广东以时代的重任。40年前，广东是中国发展的引领者；40年后，广东仍然是新时期的引领者。角色没有变，地位没有变，党中央的殷殷期待也没有变，但是面临的任务和挑战却更加艰难了，改革开放的推动需要纵深力量。站在历史的交汇期，广东必须率先形成更高层次的改革开放新格局，攻破改革开放再出发的难关，实现"四个走在前列"，才能解决好广东进一步发展的问题，才能给全国的改革开放进程提供新鲜经验，才能在国际社会中开拓一条中国道路，进而当好中国向国际社会展示改革开放成就以及国际社会观察中国改革开放的重要窗口。

（二）必须深刻总结并汲取40年改革开放的实践经验

改革开放40年以来，广东的经济社会发展取得了巨大成就，经

---

① 《广东举行市厅级主要领导干部学习贯彻习近平总书记重要讲话精神专题研讨班》，《南方日报》2018年4月16日。

济长期保持快速增长，人民生活水平显著提高，体制机制改革逐步深入，对外开放水平不断提升，并初步形成了一套有效的改革开放的思路和模式，作为改革开放的试验田、排头兵，为全国的改革开放提供了重要的发展经验。

1. 坚持党领导一切的基本原则

改革开放是在中国共产党领导下的"第二次革命"，是在原有基础上寻求变化和发展，是一项巨大的长期性的系统性的工程，对中国经济社会产生巨大影响，同时也充满艰难险阻。这样一项巨大的、关系国运民生的工程，必然需要科学的理论指导、正确的政治方向引领以及强有力的组织支撑，来确保改革开放事业的顺利进行。广东改革开放初，就是在党中央的全力支持和有力领导下"杀出一条血路"，突破重重困难阻碍，推动改革开放既具突破性又稳定有序地展开。中国共产党是改革开放的领导者和实践者，没有党在政治方向上的引领、政策上的支持、决策上的指导，改革开放将是一盘散沙。正如习近平总书记在庆祝海南建省办经济特区30周年大会上所强调的："坚持党的领导，全面从严治党，是改革开放取得成功的关键和根本。"[1]新时期的改革开放面临着更加艰巨的任务和挑战，只有坚持党的领导，才能调动各方面的积极因素，才有底气和力量敢于啃硬骨头，才能始终坚持以人民为中心的改革开放立场、方向和动力。

2. 坚持改革开放的社会主义基本方向

改革开放并不是无原则的改革，也不是无边界的开放，改革开放的前提必须是坚持中国的社会主义基本制度不动摇。举什么旗、走什么路是方向性的问题，广东改革开放举的是社会主义旗帜、走的是中国特色社会主义道路，这是改革开放40年的重要经验。广东地处沿

---

[1]《在庆祝海南建省办经济特区30周年大会上的讲话》，《人民日报》2018年4月14日。

海，与世界各种经济体系、政治制度、社会意识形态产生最直接的联系和碰撞，这既是机遇，为广东改革开放提供得天独厚的条件，也是挑战，要求广东以极高的自我定力来迎接来自外部的冲击，稳住社会主义这根"定海神针"。习近平总书记2012年在广东考察工作时就强调："我们的改革开放是有方向、有立场、有原则的。我们当然要高举改革旗帜，但我们的改革是在中国特色社会主义道路上不断前进的改革，既不走封闭僵化的老路，也不走改旗易帜的邪路。"① 改革开放是我们寻求不断发展、避免封闭僵化的关键一招，大刀阔斧的改革是必要的，但是绝不意味着我们要把西方的理论、制度都生搬硬套到中国。广东作为改革开放再出发的前沿阵地，也是意识形态的前沿阵地，不仅在实践经验方面给全国提供新鲜经验，更在改革开放的基本方向上坚持社会主义，坚决反对任何误导改革、改变中国社会主义制度性质的图谋，给全国提供一个标榜。

3. 坚持不懈地进行思想解放

"解放思想是前提，是解放和发展社会生产力、解放和增强社会活力的总开关。"② 没有思想上的解放，就无法解除头脑里的束缚，就无法施展改革开放这把"利斧"。思想解放是改革开放的基本前提，是广东改革开放的基本经验。从对内改革来说，正因为广东勇于首先冲破观念上的桎梏，敢于尝试，寻求改变，才能以巨大的勇气和魄力成为改革开放的先锋，带领全国步入改革开放的伟大进程，才能摒旧推新，不断破除对传统发展模式的路径依赖和思维定式，践行新的发展理念，才有了不断提升的体制机制及发展模式；从对外开放来说，因为广东充分利用自身的对外地理优势，学习先进经验，对标国际市

---

① 《习近平关于全面深化改革论述摘编》，中央文献出版社2014年版，第14页。
② 习近平：《切实把思想统一到党的十八届三中全会精神上来》，《求是》2014年第1期，第3-6页。

场，逐步打开中国与世界连接的大门，充分利用全球化带来的机遇，才有了不断提高的对外开放水平和格局。改革开放事业不是一蹴而就的，改革开放只有进行时，没有完成时，而思想解放始终是改革开放的内在要求。正如2012年习近平总书记在广东考察时所说："实践发展永无止境，解放思想永无止境，改革开放也永无止境，停顿和倒退没有出路。"①

4.坚持渐进式的改革开放方略

改革开放事关中国特色社会主义事业的有利推进，事关中华民族的伟大复兴，甚至事关国运民生，必须做足功夫，遵守循序渐进的规律，依次推进，决不能冒进，更不能力求一步到位。广东的改革开放40年从创办深圳经济特区开始，到设立沿海开放城市，再到建立经济开发区、自由贸易试验区，如今更是形成粤港澳大湾区国家性发展战略和平台。广东改革开放从点到线再到面，从市到省再到国家战略，"摸着石头过河"，一层层推进，一步步拓展，遵循先试点后推广的做法，既敢于突破，又一步一个脚印，使改革开放在稳中求进。这种渐进式改革开放模式也是由中国处于改革开放初期的摸索阶段决定的。在改革开放具备一定经验和条件的基础上，广东的改革开放方略开始由渐进式向系统式转变，将试点经验与整体设置相结合，注重改革开放的顶层设计、宏观把握、整体推进，注重改革开放的系统性、整体性、协同性，全面把握改革开放的发展目标、战略任务以及关键问题。

5.坚持改革与开放两者联动，互相促进

改革和开放是发展的两个引擎，是内部和外部因素的抓手，两者

---

① 《习近平：增强改革的系统性整体性协同性 做到改革不停顿开放不止步》，《人民日报》2012年12月12日。

之间相互联系、相互推进、相得益彰，两者不可废其一。广东改革开放进程根据不同阶段改革开放发展的不同要求，有重点、分阶段地推进改革和开放的地位和角色，使两者联动，共同促进改革开放事业的整体推进。广东改革开放初期，国内环境复杂，改革面临的任务繁重，困难重重，此阶段主要以开放促改革，化外来挑战为动力，利用国际大环境来推动内部的调整，利用外部冲击来倒逼内部的改革。广东40年改革开放所取得的巨大成就，既得益于广东人民求改变、求发展和敢为人先的勇气和决心，也得益于这种以开放逼使内部改革的战略。如今广东的改革开放已然进入到深水区阶段，必须逐步掌控改革开放的节奏，改被动为主动，以内部改革促进对外开放水平，着重于内部体制机制的改革完善，以主动的姿态融入到国际竞争合作，构建更高水平的全面开放格局。改革和开放不是两条平行线，而是两股互相依存、互相推进的力量，恰当运用这两股力量将使改革开放事业事半功倍。

6. 坚持政府与市场两只手各就其位

改革开放的关键性任务在于建立健全社会主义市场经济体系，充分发挥市场在资源配置中的决定性作用，以尽可能少的资源投入生产尽可能多的产品、获得尽可能大的效益，推动社会生产力的有效发展。广东改革开放40年的成功经验，其中最关键的一条正在于政府充分放开人民的手脚，调动市场的活力，鼓励、支持、引导非公有制经济的发展，充分释放民营企业的创造力，这为广东经济的高速增长带来巨大贡献。但是发展社会主义市场经济不仅要发挥市场的作用，也要发挥好政府的作用，区分理清市场和政府的不同职能，既要"有效的市场"，又要"有为的政府"。高效有序的社会主义市场经济体系，离不开政府的科学宏观调控和有效治理，政府必须承担起加强公共服务、保障公平竞争、加强市场监管、维护市场秩序、推动可持续发展、促进共同富裕、弥补市场失灵等一系列职能。

（三）必须直面并解决新时期改革开放面临的新挑战

中国特色社会主义进入新时代，国际国内情况都发生了深刻变化。新情况、新局势的出现，对改革开放事业提出了新的挑战，也提供了历史机遇。

从国际社会来说，当前的国际政治经济形势复杂多变，存在诸多不稳定因素，中国的改革开放进程正面临着巨大的外来冲击和挑战。改革开放以来，中国国际竞争力和影响力不断上升，国际朋友圈不断扩大，这得益于中国的改革开放国策，得益于全球化。但是，这种全球化并不是一个客观平等的多边交往过程，而是由发达国家主导的过程，全球化的规则和操作主要由发达国家制定和执行。以中国为代表的发展中国家的崛起，势必会挑战发达国家的主导权。因此，随着中国的崛起，国际上也出现了唱衰中国、敌视中国的声音和势力，发达国家利用其在全球化中的优势地位限制和封锁中国发展的一幕也正在上演，这对于中国的发展是不利的。对于中国来说，如何真正让国际社会接受和欢迎中国的发展，将中国的发展与世界的发展融为一体，构建人类命运共同体，这是解决中国发展和其他国家发展之间摩擦的关键。但是这个问题并不是那么容易解决的，它涉及的是不同意识形态之间的求同存异、不同体制之间的碰撞连接、不同利益体之间的博弈平衡。经济全球化是不可逆的，必须坚定不移地坚持扩大对外开放，才能获得进一步发展。一些发达国家逆潮流而动，长远来看损害的最终只能是自己的利益。从发达国家与发展中国家之间这种此消彼长的关系中，我们看到了突破发达国家构建起来的国际政治经济秩序的可能性，它们建立的不公平的贸易规则终将被更加公平合理的新秩序所取代。在这个过程中，广东作为改革开放再出发的前沿阵地，作为"21世纪海上丝绸之路"的重要起点，要把握住这个历史性机遇，迎难而上，为世界展示中国改革开放的发展经验，也为更加公平的国际贸易机制的建立贡献智慧和方案。

从中国具体国情来说，改革开放既创造了伟大成就，也面临着严峻挑战。改革开放40年来，中国的社会生产力、人民生活水平、综合国力、国际影响和地位都上了一个新的台阶。但是，中国依然处于并将长期处于社会主义初级阶段的基本国情没有改变，中国仍是一个发展中国家。新时期以来，我国的社会主要矛盾由人民日益增长的物质文化需要同落后的社会生产之间的矛盾，转化为人民日益增长的美好生活需要和不平衡不充分的发展之间的矛盾。社会主要矛盾的转化，既是对我国社会生产发展取得重大成就的肯定，同时我们又必须保持清醒头脑，认识到我国的发展模式存在诸多问题，如发展模式仍以粗放式发展为主，城乡差距、贫富差距扩大，经济产业结构仍位于国际竞争产业链下游，核心技术被发达国家限制，等等。如果不解决好这些问题，中国的改革开放就仍面临着发展的瓶颈，在国际竞争中陷入被动局面，就不能很好地满足人民对美好生活的需要。

就广东的具体省情来说，广东的改革开放40年实践虽取得了辉煌成就，但在发展过程中也存在着一些不足和问题，这些问题成为制约广东改革开放进一步推进的瓶颈。

首先，产业结构仍处于世界产业链条的中低端。广东作为改革开放的前沿阵地，是与国际贸易关系紧密的省份。改革开放初期，广东作为世界工厂，利用劳动力成本优势推动经济增长，这种传统增长模式的质量和效益都不高。如今，广东乃至全国的劳动力成本优势与其他发展中国家（如东南亚国家）相比正在减弱，而在先进生产力、高科技、产业升级方面仍没有形成与发达国家竞争的优势，这对广东的进一步发展是十分不利的。因此，这个时期广东面临的任务是十分艰巨而关键的，它能否率先改变中国在核心技术、关键零部件、重大装备方面受制于人的状况，能否带领中国进入更高层次的国际竞争行列，进行一次产业和经济格局的蜕变，这对于广东乃至全国的改革开放是至关重要的。

其次，区域发展不平衡。进入新时代，广东正处于全面建成小康社会的决胜阶段和开启建设社会主义现代化新征程的关键时期，但是与全国总体情况相当，广东也面临着严重的发展不平衡不充分的问题。广东虽然在总体上是个经济大省，但是经济总量集中在深圳、广州等珠三角地区，而粤东西北人均 GDP 仅相当于全国平均水平的65% 左右。粤东西北由于区域地理环境和其他主客观原因，在经济发展、公共服务、人才集聚等方面与珠三角地区都存在很大的差距，居民人均可支配收入不到珠三角地区的一半，东西部交通基础设施滞后，营商环境吸引力不足，支柱产业带动能力不强。

最后，对外开放层次和格局的水平较低。广东目前的对外开放可以说是处于初级阶段，其层次和格局都需要进一步提升。具体来说，广东的对外开放更多地来自引进外资、技术，再充分结合本地的劳动力、资源，形成在世界竞争中具有重要影响力的低端制造地和供应链。但是对外开放不应该仅仅局限于引进，而应该在引进的基础上"走出去"，"走出去"是对外开放的更高层次。"走出去"意味着本国的资金、技术、品牌等方面能在国外市场中占据一席之地，以主动的姿态构建更高水平的对外开放新格局。

总的来说，国际国内都面临着复杂多变的形势，尤其是2018年以来，针对性的国际贸易竞争和贸易保护主义对中国发展造成巨大挑战，国内经济增速放缓，实体经济疲软，房价、医疗、教育等问题在民众中引起巨大关注，中国的改革开放进程进入了一个非常关键的攻坚时期。中国特色社会主义事业急需寻求一个突破口，中国的改革开放进程急需一股动力，来带动目前的局势稳定并向前发展。在这种形势下，习近平总书记希望广东能够作为新时期改革开放再出发的排头兵，继续承担起攻坚克难、带动中国改革开放再出发的责任和担当。

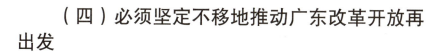

（四）必须坚定不移地推动广东改革开放再出发

新形势、新任务、新挑战下，广东要不忘初心、牢记使命，要成为改革开放的重要窗口、试验平台、开拓者和实干家。广东作为最早创办经济特区的省份，更应该在改革开放的路上先行一步，始终站在改革开放的最前沿，加强国际贸易和交流，在各方面的体制机制改革上大胆探索，勇于突入"无人区"，真抓实干，不断形成新经验、深化新认识、贡献新方案。

1. 坚持以习近平总书记系列重要讲话精神总揽广东工作局面

习近平新时代中国特色社会主义思想是改革开放再出发的强大思想理论武器和根本行动遵循，尤其是习近平总书记对广东的系列重要指示批示精神，是广东进一步推动开展改革开放各项事业的思想和行动保障。全省上下必须深入学习贯彻习近平总书记系列重要讲话，深刻把握习近平总书记关于改革开放的认识论和方法论，坚持以习近平总书记系列重要讲话精神统领全省的改革开放工作，增强"四个意识"、坚定"四个自信"，坚持党对改革开放事业的集中统一领导。全省上下必须抓好大学习、深调研、真落实，统筹推进"五位一体"总体布局、协调推进"四个全面"战略布局，认真落实新发展理念，进一步真抓实干、奋发进取，实现"四个走在全国前列"，开创改革开放新局面。

2. 奋力实现"四个走在全国前列"目标

牢牢把握"四个走在全国前列"的目标任务，不断解放思想，用好全面深化改革关键一招，进一步激发社会活力，抓好重点领域和关键环节，做新时代坚持和发展中国特色社会主义的坚定践行者和改革开放事业的开拓者。要全面推进体制机制创新，提高资源配置效率效能，推动资源向优质企业和产品集中，推动创新要素自由流动和聚集，以优质的制度供给、服务供给、要素供给和完备的市场体系，增强发展环境的吸引力和竞争力，提高绿色发展水平；加大创新投入，做强做优实体经济，发展战略性新兴产业，以壮士断腕的勇气，果断淘汰那些高污染、高排放的产业和企业，为新兴产业发展腾出空间；以更宽广的视野、更高的目标要求、更有力的举措推动全面开放，加快发展更高层次的开放型经济，以粤港澳大湾区建设为平台，打造国际一流湾区和世界级城市群；要坚持在法治轨道上统筹社会力量、平衡社会利益、调节社会关系、规范社会行为、化解社会矛盾。

3. 着力构建"一核一带一区"协调发展新格局

广东要全面实施以功能区为引领的区域发展新战略，调整优化区域协调发展政策和机制，通过发挥优势差别化发展，解决区域、城乡发展不平衡问题，构建珠三角核心区、沿海经济带、北部生态发展区"一核一带一区"协调发展新格局。[①] 以广州为主引擎推进珠三角核心区产业、交通、营商环境、社会治理、生态建设、基本公共服务一体化；支持广州、深圳迈向高端发展，发挥其对珠三角地区和全省的辐射带动作用。推动沿海经济带发展，深刻把握沿海而兴的发展规律，把沿海经济带打造成新时代广东发展的主战场，建设海洋强省。建设北部生态发展区，利用自然条件，坚定不移走绿色发展道路。广东的发展要集众所长，因地制宜，发挥优势，联动发展。

4. 让改革开放发展成果惠及全体人民

人民是全面深化改革的主体，现有的发展成果来自亿万人民的创

---

① 《中共广东省委关于深入学习贯彻落实习近平总书记重要讲话精神奋力实现"四个走在全国前列"的决定》，《南方日报》2018年7月30日。

造和积累，改革开放的大厦是人民建筑起来的，未来的改革事业必须依靠人民才能继续进行。人民创造的成果，必须最终惠及人民，人民创造的财富，必须使人民能够普遍受惠，这是进行改革始终要坚守的原则。改革改什么？多听听人民的心声，关注人民的所思所想，使改革这把"利刃"用到实处，切实解决人民关心的问题，不要使改革偏离了方向。改革怎么改？多吸取人民的意见，群策群力，充分让人民参与到改革的事业中来，充分利用人民的智慧，不要使改革成为脱离人民群众的空架子政策。改革改得怎么样？要以人民满不满意作为衡量标准，牢牢抓住民生建设这个落脚点，改革开放才能交出人民满意的答卷。

5. 加强党的建设，为改革开放提供坚强政治保证

全面推进党的政治建设、思想建设、组织建设、作风建设、纪律建设，提升思想建党和制度治党水平，增强干部能力素养，深入推进反腐败斗争，形成良好的政治生态。改革开放的任务越是艰巨繁重，越要加强党的领导，确保改革事业的坚强领导核心，形成领导、推进改革开放工作的一支核心领导和执行力量，不断提高领导、谋划、推动改革的能力水平，形成上下联动、齐抓共管的工作格局。履行管党治党主体责任，把各级党组织锻造得更加坚强有力，凝聚形成实现"四个走在全国前列"的磅礴力量。只有坚持党的领导，才能在改革开放进程中保证思想上和行动上的统一，才能凝聚力量，力往一处使，推动改革开放再出发。

广东的发展基础好、起点高，这既是进一步发展的优势，同时也对继续发展提出了更高的要求，发展中面临的很多问题和挑战也是中国发展进程中尚未遇到过的、新的问题和挑战，没有太多经验和借鉴，必须依靠广东自身敢为人先的创新精神和艰苦卓绝的奋斗实践去克服。如果改革开放进一步推进的瓶颈问题能在广东被攻克，这对于全国来说都具有至关重要的意义。当好"两个重要窗口"，在改革开

放再出发的关键节点上，解决好广东问题，为解决全国问题提供新鲜的经验范本，是时代赋予广东的使命。

（五）必须努力实现"四个走在全国前列"，当好"两个重要窗口"

2018年3月7日，习近平总书记在参加十三届全国人大一次会议广东代表团审议时，充分肯定党的十八大以来广东工作，要求广东的同志们进一步解放思想、改革创新，真抓实干、奋发进取，以新的更大作为开创广东工作新局面，在构建推动经济高质量发展体制机制、建设现代化经济体系、形成全面开放新格局、营造共建共治共享社会治理格局上走在全国前列。[①] 广东在实现"四个走在全国前列"过程中当好"两个重要窗口"，从而为全国提供新鲜经验。

1. 在构建推动经济高质量发展体制机制上走在全国前列

习近平总书记强调："构建推动经济高质量发展的体制机制是一个系统工程，要通盘考虑、着眼长远，突出重点、抓住关键。要全面推进体制机制创新，提高资源配置效率效能，推动资源向优质企业和产品集中，推动创新要素自由流动和聚集，使创新成为高质量发展的强大动能，以优质的制度供给、服务供给、要素供给和完备的市场体系，增强发展环境的吸引力和竞争力，提高绿色发展水平。"[②] 经济高质量发展是体现创新、协调、绿色、开放、共享五大发展理念的发展，是能够更好地满足人民日益增长的经济、政治、文化、社会、生态等

---

① 《习近平参加广东团审议，充分肯定党的十八大以来广东工作并要求以新的更大作为实现"四个走在全国前列"》，《南方日报》2018年3月8日。

② 《习近平参加广东团审议，充分肯定党的十八大以来广东工作并要求以新的更大作为实现"四个走在全国前列"》，《南方日报》2018年3月8日。

美好生活需要的发展。为了实现经济高质量发展，广东必须从构建资源高效配置的市场机制、构建创新要素自由流动和聚集的体制机制、构建提高供给体系质量的体制机制、形成绿色发展的体制机制等方面着手。

（1）构建资源高效配置的市场机制。党的十九大报告明确指出："必须坚持和完善我国社会主义基本经济制度和分配制度，毫不动摇巩固和发展公有制经济，毫不动摇鼓励、支持、引导非公有制经济发展，使市场在资源配置中起决定性作用，更好发挥政府作用。"① 市场在资源配置中起决定性作用，但市场调节具有自发性、盲目性和滞后性等缺陷，因此，必须发挥政府作用，把两者结合起来，提高资源配置的效率。其一，完善与资源高效配置相适合的法律法规和社会信用体系，让市场经济中的违法者和失信者受到严惩。其二，打破区域、城乡和行业等歧视性限制和地区壁垒，建立完善公平公开透明的市场规则，实现区域、城乡和行业之间的资源要素自由流动和高效配置。其三，实施市场准入负面清单制度，废除妨碍市场公平竞争的各种规定，保证各类市场主体公平参与市场竞争。

（2）构建创新要素自由流动和聚集的体制机制。习近平总书记指出，发展是第一要务，人才是第一资源，创新是第一动力。中国如果不走创新驱动发展道路，新旧动能不能顺利转换，就不能真正强大起来。强起来要靠创新，创新要靠人才。② 广东必须营造创新环境，构建以人才为重点，进而带动技术、资金等创新要素的流动和聚集的体制机制。其一，在人才要素方面，广东相继出台多项引进人才的制度，加大高层次人才引进力度，通过实施"珠江人才计划""扬帆计划""特支计划"等一系列重大人才工程，引进一大批创新型人才和

① 习近平：《决胜全面建成小康社会　夺取新时代中国特色社会主义伟大胜利——在中国共产党第十九次全国代表大会上的报告》，人民出版社2017年版，第21页。
② 《习近平参加广东团审议，充分肯定党的十八大以来广东工作并要求以新的更大作为实现"四个走在全国前列"》，《南方日报》2018年3月8日。

科研队伍；同时，加大对粤东西北人才的支持力度，推进中青年科技人才、文化英才分批次到粤东西北地区挂职服务，促进人才、科技、产业的融合发展。其二，在技术要素方面，广东要深化科技体制改革，包括推进人才评价制度、激励制度、职称评审制度、科技成果转化制度等，建立企业为主体、市场为导向、产学研深度融合的技术创新体系，促进科技成果转化和应用。其三，在资金方面，广东应推进金融改革创新，完善创新的金融支撑体系，探索金融服务创新的有效模式，支持广州、深圳建设区域金融中心城市，充分发挥广州民间金融街、深圳前海、广东金融高新区等平台作用，为创新提供强有力的资金支撑；同时，还要加大对粤东西北的金融支持，鼓励银行、保险等金融机构向粤东西北多设网点布局和多投入资源。其四，营造有利于创新的外部环境，这就要求营造公平竞争的市场环境，实施激励创新的普惠性政策，加强知识产权保护，以提高创新的积极性。

（3）构建提高供给体系质量的体制机制。党的十九大报告指出："必须坚持质量第一、效益优先，以供给侧结构性改革为主线，推动经济发展质量变革、效率变革、动力变革。"[1] 广东要从制造大省转变到制造强省，可以从以下方面着手：其一，优质的制度供给必须要把新的要素引入原有的制度体系，提供一套更加完善、更加优质的制度保障，建立符合广东实际的基础性制度和长效机制，切实降低制度成本。其二，深化质量标准体系改革，建立科学的质量标准体系，全面提升广东产品、工程、服务、环境质量。其三，建立完备的市场体系必须要以构建完善社会信用体系和完善法律法规体系为基础，一方面是建立守信联合激励和失信联合惩戒机制，对守信的企业实施优惠措施，对失信企业依法严惩，从而形成人人守信的良好氛围；另一方面是提升违法犯罪的成本，加大违法的惩戒力度，完善法律法规体系，

---

① 习近平：《决胜全面建成小康社会 夺取新时代中国特色社会主义伟大胜利——在中国共产党第十九次全国代表大会上的报告》，人民出版社2017年版，第30页。

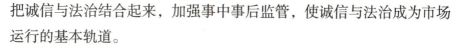

把诚信与法治结合起来，加强事中事后监管，使诚信与法治成为市场运行的基本轨道。

（4）形成推进绿色发展的体制机制。2015年3月24日，中共中央政治局会议在审议通过《关于加快推进生态文明建设的意见》时，提出了"绿色化"概念。同年10月底召开的党的十八届五中全会，把"绿色化"概念提升为绿色发展理念，使绿色发展与创新发展、协调发展、开放发展、共享发展一道成为五大发展理念。此后，绿色发展成为指导中国发展的科学发展理念和发展方式。绿色发展的要义是要解决好人与自然和谐共生问题。党的十九大报告提出"坚持人与自然和谐共生"，并把它纳入中国特色社会主义基本方略，同时要求"加快建立绿色生产和消费的法律制度和政策导向，建立健全绿色低碳循环发展的经济体系"。① 习近平总书记在参加十三届全国人大一次会议广东代表团审议时，要求提高绿色发展水平。② 广东认真贯彻落实习近平总书记的重要讲话精神，可以从以下方面着手：其一，科学划定全省县域城镇的生产空间、生活空间、生态空间和生态保护红线、耕地保护红线等。其二，用最严格制度、最严密法治保护生态环境，全面落实河长制、湖长制、林长制，强化环保督察执法，严格环境损害责任追究和惩戒。其三，倡导合理、适度、节约、协调的绿色消费理念，开展创建节约型机关、绿色企业、绿色家庭、绿色社区和绿色出行等行动。其四，构建市场导向的绿色技术创新体系，发展绿色金融，壮大节能环保产业和清洁生产产业等绿色产业。

2. 在建设现代化经济体系上走在全国前列

习近平总书记在党的十九大报告中指出："我国经济已由高速增

---

① 习近平：《决胜全面建成小康社会　夺取新时代中国特色社会主义伟大胜利——在中国共产党第十九次全国代表大会上的报告》，人民出版社2017年版，第50—51页。
② 《习近平参加广东团审议，充分肯定党的十八大以来广东工作并要求以新的更大作为实现"四个走在全国前列"》，《南方日报》2018年3月8日。

长阶段转向高质量发展阶段，正处在转变发展方式、优化经济结构、转换增长动力的攻关期，建设现代化经济体系是跨越关口的迫切要求和我国发展的战略目标。"① 建设现代化经济体系是中国特色社会主义进入新时代、社会主要矛盾发生转化后的重大战略任务。习近平总书记在参加十三届全国人大一次会议广东代表团审议时，对广东提出在建设现代化经济体系上走在全国前列的要求，明确指出："建设现代化经济体系，事关我们能否引领世界科技革命和产业变革潮流、赢得国际竞争的主动，事关我们能否顺利实现'两个一百年'奋斗目标。要更加重视发展实体经济，把新一代信息技术、高端装备制造、绿色低碳、生物医药、数字经济、新材料、海洋经济等战略性新兴产业发展作为重中之重，构筑产业体系新支柱。要以壮士断腕的勇气，果断淘汰那些高污染、高排放的产业和企业，为新兴产业发展腾出空间。科技创新是建设现代化产业体系的战略支撑。要着眼国家战略需求，主动承接国家重大科技项目，引进国内外顶尖科技人才，加强对中小企业创新支持，培育更多具有自主知识产权和核心竞争力的创新型企业。"② 广东牢记习近平总书记的嘱托，充分发挥经济体系的构成要素比较健全和经济体系基础比较好的优势，更加重视发展实体经济和发挥科技创新的战略支撑作用，实现在建设现代化经济体系上走在全国前列。

（1）更加重视发展实体经济。党的十九大报告指出："建设现代化经济体系，必须把发展经济的着力点放在实体经济上，把提高供给体系质量作为主攻方向，显著增强我国经济质量优势。"③ 实体经济是中国经济发展的根基，是建设现代化经济体系的重中之重。广东要更

---

① 习近平：《决胜全面建成小康社会 夺取新时代中国特色社会主义伟大胜利——在中国共产党第十九次全国代表大会上的报告》，人民出版社2017年版，第30页。

② 《习近平参加广东团审议，充分肯定党的十八大以来广东工作并要求以新的更大作为实现"四个走在全国前列"》，《南方日报》2018年3月8日。

③ 习近平：《决胜全面建成小康社会 夺取新时代中国特色社会主义伟大胜利——在中国共产党第十九次全国代表大会上的报告》，人民出版社2017年版，第30-31页。

加重视发展实体经济，优化产业体系，促进本省经济高质量发展，必须从以下方面着手：其一，广东要加快建设实体经济、科技创新、现代金融、人力资源协同发展的产业体系，提升科技创新在实体经济发展中的贡献率，增强现代金融服务实体经济能力，不断优化人力资源支撑实体经济的发展。其二，广东深入发展"互联网+"行动计划，培育互联网新业态发展，构建"互联网+"产业系统，实现互联网与制造业的融合发展。其三，推动传统产业转型升级，加快打造新一代信息技术、高端装备制造、绿色低碳、生物医药、数字经济、新材料、海洋经济等战略性新兴产业，构筑广东产业体系新支柱。其四，更多运用市场化、法治化手段，同时兼用行政化手段淘汰高污染、高排放产业和企业，为培育壮大战略新兴产业腾出空间。

（2）发挥科技创新的战略支撑作用。党的十八大以来，习近平总书记把创新摆在国家发展全局的核心位置，高度重视科技创新。党的十九大报告指出："创新是引领发展的第一动力，是建设现代化经济体系的战略支撑。"[1] 科技创新是创新的核心内容，没有科技创新的支撑，建设现代化经济体系便是水中月、镜中花。广东认真贯彻落实习近平总书记重要讲话精神，可以从以下方面着手：其一，广东要瞄准世界科技前沿，强化基础研究，实现前瞻性基础研究、引领性原创成果重大突破；深化与国家科研院所、重点大学、央企合作，争取在广东设立研究机构和创新平台，主动承接国家重大科技项目，力争在一些前沿技术领域取得更多突破，为建设科技强省提供强有力的支撑。其二，广东全力打造创新人才高地，完善人才服务保障体系，深化科研制度和职称评审制度改革，提升科技人才的科研积极性，着力解决人才落户、住房、配偶工作、子女入学等问题，营造国际一流人才环境和科研创新环境。其三，广东要以建设珠三角国家自主创新示

① 习近平：《决胜全面建成小康社会　夺取新时代中国特色社会主义伟大胜利——在中国共产党第十九次全国代表大会上的报告》，人民出版社2017年版，第31页。

范区和广深科技创新走廊为契机，加快布局"一廊十核多节点"重大创新平台，培育更多具有自主知识产权和核心竞争力的创新型企业，做大做强创新型产业集群。

3. 在形成全面开放新格局上走在全国前列

党的十九大报告提出"推动形成全面开放新格局"，并要求"要以'一带一路'建设为重点，坚持引进来和走出去并重，遵循共商共建共享原则，加强创新能力开放合作，形成陆海内外联动、东西双向互济的开放格局。拓展对外贸易，培育贸易新业态新模式，推进贸易强国建设"。① 习近平总书记在参加十三届全国人大一次会议广东代表团审议时，对广东提出要在形成全面开放新格局上走在全国前列的要求，"要以更宽广的视野、更高的目标要求、更有力的举措推动全面开放，加快发展更高层次的开放型经济，加快培育贸易新业态新模式，积极参与'一带一路'建设，加强创新能力开放合作。要抓住建设粤港澳大湾区重大机遇，携手港澳加快推进相关工作，打造国际一流湾区和世界级城市群"②。广东必须继续扩大开放，全力推进粤港澳大湾区建设、积极参与"一带一路"建设和培育贸易新业态新模式，在形成全面开放新格局上走在全国前列。

（1）全力推进粤港澳大湾区建设。粤港澳大湾区的建设是形成全面开放新格局，把广东建设成习近平总书记提出的"两个重要窗口"的重要举措。2018年3月7日，习近平总书记在参加十三届全国人大一次会议广东代表团审议时，对广东提出要在形成全面开放新格局上走在全国前列的要求，强调要抓住建设粤港澳大湾区重大机遇，携手

① 习近平：《决胜全面建成小康社会 夺取新时代中国特色社会主义伟大胜利——在中国共产党第十九次全国代表大会上的报告》，人民出版社2017年版，第34-35页。
② 《习近平参加广东团审议，充分肯定党的十八大以来广东工作并要求以新的更大作为实现"四个走在全国前列"》，《南方日报》2018年3月8日。

港澳加快推进相关工作，打造国际一流湾区和世界级城市群。^① 8月15日，粤港澳大湾区建设领导小组举行第一次全体会议，中共中央政治局常委、国务院副总理韩正任组长，香港特首林郑月娥及澳门特首崔世安担任小组成员。建设粤港澳大湾区，是习近平总书记亲自谋划、亲自部署、亲自推动的国家战略。广东认真深入学习贯彻习近平总书记关于粤港澳大湾区建设的重要讲话精神，全力推进粤港澳大湾区建设。其一，严格遵循中央顶层设计和统筹安排，携手港澳构建更高层次更加紧密的新型合作模式，建立粤港澳大湾区建设协调机构和三地协作机制，共同打造国际一流湾区和世界级城市群。^② 其二，把粤港澳大湾区建设与"一带一路"建设统一起来，共同推进两者的协同发展。其三，充分发挥已开通的广深港高铁、港珠澳大桥的作用，优化粤港澳高速公路、铁路、城市轨道交通网络布局，建设综合交通枢纽，实现大湾区主要城市一小时内点对点通达，促进粤港澳大湾区的互联互通。其四，推进深圳前海、广州南沙、珠海横琴等重大粤港澳合作平台开发建设，充分发挥其在进一步深化改革、扩大开放、促进合作中的试验示范和引领带动作用。其五，广东充分发挥聚集众多高等院校、科研院所和科技公司的优势，加强与港澳高校间、校企间以及与科研院所的合作交流，落实来粤工作的港澳人员在创业、就业、社保、医疗、教育等方面同等待遇，聚集更多科技创新要素在湾区内生长和发展。

（2）积极参与"一带一路"建设。推进"一带一路"建设，是以习近平同志为核心的党中央在新时代统筹国际国内两个大局作出的重大决策，对形成全面开放新格局具有重大意义。广东积极参与"一带一路"建设，努力实现政策沟通、设施联通、贸易畅通、资金融通、

---

① 《习近平参加广东团审议，充分肯定党的十八大以来广东工作并要求以新的更大作为实现"四个走在全国前列"》，《南方日报》2018年3月8日。

② 《中共广东省委关于深入学习贯彻落实习近平总书记重要讲话精神奋力实现"四个走在全国前列"的决定》，《南方日报》2018年7月30日。

民心相通。其一，广东在全国率先制定参与"一带一路"建设实施方案、参与21世纪海上丝绸之路建设经贸合作专项工作方案，制定并落实进一步加强与欧洲、北美、东盟、非洲、中亚交流合作的实施方案，努力实现政策沟通。其二，全面推进海陆空跨境战略通道建设，深化港口、机场、高速公路、高铁国际合作，支持广州港、深圳港、珠海港等拓展海运网络，提升白云国际机场、宝安国际机场航运能力，提升与沿线国家的基础设施互联互通水平，努力实现设施联通。其三，全面推进与沿线国家的贸易投资合作，着力打造优势互补、互利共赢的合作格局，在信息网络、能源资源、海洋经济、旅游等领域打造一批"丝路明珠"示范项目，努力实现贸易畅通。其四，广东积极扩大金融对外开放，大力实施"引进来"与"走出去"战略，推动金融机构跨境互设，努力实现资金融通。其五，广东充分发挥海外侨胞遍布世界各地的优势，借助华人华侨产业交易会和广交会扩展与"一带一路"沿线国家的经贸合作和人文交流，以此建立包容、互信开放的社会和人文体系，实现民心相通。

（3）培育贸易新业态新模式。习近平总书记在党的十九大报告中强调："拓展对外贸易，培育贸易新业态新模式，推进贸易强国建设。"[①] 党的十九大报告提出了推进贸易强国建设的新目标，这就要求优化营商环境，扩展对外贸易，培育贸易新业态新模式，推动外贸既有量的提升又有质的飞跃。2017年，广东货物贸易进出口总值6.82万亿元，连续32年居全国首位。同时，广东推进跨境电商和市场采购取得重要成绩：跨境电子商务进出口441.9亿元，同比增长93.8%，规模居全国首位；市场采购出口815.1亿元，月均增幅达21.1%。广东继续积极推动外贸创新发展，培育壮大市场采购、跨境电商、服务贸易等新业态新模式。其一，广东支持企业建立集产品展示、产品交易、

---

① 习近平：《决胜全面建成小康社会 夺取新时代中国特色社会主义伟大胜利——在中国共产党第十九次全国代表大会上的报告》，人民出版社2017年版，第35页。

电子商务、品牌营销、物流配送等为一体的专业化市场采购中心，将试点成功的花都皮革皮具市场的市场采购贸易方式推广至中山灯具、佛山家具等大型专业市场集群。其二，广东应推动跨境电商政策创新，抓住省内优势产业和领域，鼓励发展壮大一批专业性的跨境电商平台，推进外贸企业与跨境电商平台对接，同时要严厉打击跨境电商中的各种违法违规行为。其三，充分发挥广交会、中国国际高新技术成果交易会等外贸平台作用，培育一批具有全球影响力的品牌展会，引进国际高端专业性展会展商，建立覆盖全球主要贸易伙伴的自主营销网络。①

4. 在营造共建共治共享社会治理格局上走在全国前列

党的十九大报告提出"打造共建共治共享的社会治理格局"②。打造共建共治共享的社会治理格局的最重要目的，就是要形成有效的社会治理、良好的社会秩序，让人民群众安居乐业，获得感、幸福感、安全感更加充实、更有保障、更可持续。习近平总书记在参加十三届全国人大一次会议广东代表团审议时，提出广东要在营造共建共治共享社会治理格局上走在全国前列的要求，并要求"创新社会治理体制，把资源、服务、管理放到基层，把基层治理同基层党建结合起来，拓展外来人口参与社会治理途径和方式，加快形成社会治理人人参与、人人尽责的良好局面"③。广东应创新社会治理体制、改进社会治理方式和加强城乡社区治理体系建设，在营造共建共治共享社会治理格局上走在全国前列。

（1）创新社会治理体制。党的十九大报告指出："加强社会治理

---

① 《中共广东省委关于深入学习贯彻落实习近平总书记重要讲话精神奋力实现"四个走在全国前列"的决定》，《南方日报》2018年7月30日。

② 习近平：《决胜全面建成小康社会　夺取新时代中国特色社会主义伟大胜利——在中国共产党第十九次全国代表大会上的报告》，人民出版社2017年版，第49页。

③ 《习近平参加广东团审议，充分肯定党的十八大以来广东工作并要求以新的更大作为实现"四个走在全国前列"》，《南方日报》2018年3月8日。

制度建设，完善党委领导、政府负责、社会协同、公众参与、法治保障的社会治理体制。"① 这种新的社会治理体制是把党的领导和中国社会主义制度优势转化为社会治理优势，并且强调社会治理的主体是多元的。党委、政府、社会和公众要各归其位、各担其责。其一，党委领导主要是以集体领导的方式，把握政治原则、政治方向、重大方针政策等。其二，政府建立健全社会治理领域权力清单制度和责任追究制度，形成权责明晰、奖惩分明、分工负责的社会治理责任链条，并且把创新社会治理纳入地方政府领导班子和干部政绩考核指标体系。其三，社会协同就是要求各类社会主体（包括企事业单位、工青妇等群团组织、基层群众性自治组织以及其他各类社会组织等）明确各自的职责划分、各司其职，协同参与社会治理。其四，公众参与要求每位公民都要自觉遵守法律法规，依法有序地参与社会治理；同时，还必须建立公众参与激励机制、权益保障机制、制度保障机制等，提高公众参与积极性。其五，社会治理主体（包括党委、政府、社会和公众）都必须在法律范围内履行其责，这就需要从科学立法、规范执法、公正司法、严格守法等方面夯实法治保障体制机制。

（2）改进社会治理方式。党的十八届三中全会审议通过《中共中央关于全面深化改革若干重大问题的决定》，并提出要改进社会治理方式，要把系统治理、依法治理、综合治理、源头治理结合起来。其一，坚持系统治理，就是要加强党委领导，发挥政府主导作用，鼓励和支持社会各方参与社会治理，形成社会治理合力。其二，坚持依法治理，就是要运用法治思维和法治方式化解社会矛盾，做到解决问题用法、化解矛盾靠法，提升社会治理的法治化水平。其三，坚持综合治理，就是要把"互联网+"、大数据等科技手段与社会治理深度融合起来，从单一手段向多种手段综合运用转变，注重规范社会行为，

---

① 习近平:《决胜全面建成小康社会　夺取新时代中国特色社会主义伟大胜利——在中国共产党第十九次全国代表大会上的报告》，人民出版社2017年版，第49页。

注重运用教育与协调等多种方式调节利益关系，解决社会问题。其四，坚持源头治理，就是从源头上根治矛盾，解决源头性问题，从事后处置向源头治理前移，以网格化管理、社会化服务为方向，健全基层综合服务管理平台，及时了解人民群众的诉求，尽可能把社会矛盾化解在萌芽里。

（3）向基层下移社会治理重心。党的十九大报告指出："加强社区治理体系建设，推动社会治理重心向基层下移，发挥社会组织作用，实现政府治理和社会调节、居民自治良性互动。"[1] 之所以要推动社会治理重心向基层下移，是因为社会稳定和谐关键在于基层。推动社会治理重心向基层下移，就是要把资源、服务、管理放到基层，更好地为人民群众提供精准有效的服务。其一，要把基层治理与基层党建结合起来，以基层党建引领基层治理，发挥基层党组织在基层治理中的领导核心作用，确保党的路线方针政策在基层全面落实。其二，以城乡社区为基本单元引导居民自我管理，拓展社区外来人口参与社区治理的途径和方式，发挥社区中党员干部的骨干作用，打造新时代城乡社区生活共同体。[2] 其三，深化拓展网格化管理，赋予乡镇（街道）更多资源和职权，使其有职、有权、有物，推动乡镇（街道）把工作重心转移到社会治理和公共服务上来，更好地满足居民群众的美好生活需要。其四，完善乡镇（街道）领导干部驻点驻村普遍直接联系群众制度，深入了解群众的需求和困难，畅通服务群众"最后一公里"，为群众解决实际的困难。

广东作为改革开放的排头兵、先行地、实验区，在中国改革开放和社会主义现代化建设大局中具有十分重要的地位。习近平总书记强调，"广东既是展示我国改革开放成就的'重要窗口'，也是国际社

---

① 习近平：《决胜全面建成小康社会　夺取新时代中国特色社会主义伟大胜利——在中国共产党第十九次全国代表大会上的报告》，人民出版社2017年版，第49页。

② 《中共广东省委关于深入学习贯彻落实习近平总书记重要讲话精神奋力实现"四个走在全国前列"的决定》，《南方日报》2018年7月30日。

会观察我国改革开放的'重要窗口'。"①"两个重要窗口"赋予广东在改革开放全局中新的重要定位，更加明确广东深化改革开放的努力方向。改革开放40年来，广东在经济、政治、文化、社会和生态文明建设等各个领域都取得了重要成就。广东之所以取得这些重要成就，是因为广东坚持中国特色社会主义，遵循中央顶层设计，不折不扣贯彻落实党中央制定的路线方针政策，坚持解放思想，坚定不移地深化改革开放，让改革开放的成果惠及全体人民等，这些可以为全国提供新鲜经验。40年来，中国通过推进改革开放，极大地解放和发展了生产力，用40年的时间走完了资本主义发达国家几百年走过的发展历程，这充分说明坚持走中国特色社会主义道路的正确性，充分展示了社会主义制度的优越性。广东改革开放的成功实践，生动地向世界展示了中国特色社会主义道路、理论、制度和文化的优越性，为那些想实现民族独立和复兴的发展中国家提供了宝贵的发展方案，拓展了走向现代化的途径。

站在改革开放40周年重要时间节点上，广东必须继续坚守科学社会主义基本原则，牢牢把握改革开放这关键一招，继续弘扬以习仲勋老书记为代表的广东改革开放开创者们敢为人先的精神，在习近平新时代中国特色社会主义思想的指引下，实现"四个走在全国前列"，把广东建设成为展示中国改革开放成就的重要窗口和国际社会观察中国改革开放的重要窗口。

---

① 《以更大的改革气魄和举措，努力走在全国前列——七论贯彻落实习近平总书记参加广东代表团审议重要讲话精神》，《南方日报》2018年3月15日。

参考文献

[1] 习近平:《决胜全面建成小康社会　夺取新时代中国特色社会主义伟大胜利——在中国共产党第十九次全国代表大会上的报告》,人民出版社2017年版。

[2] 习近平:《切实把思想统一到党的十八届三中全会精神上来》,《求是》2014年第1期。

[3]《习近平参加广东团审议,充分肯定党的十八大以来广东工作并要求以新的更大作为实现"四个走在全国前列"》,《南方日报》2018年3月8日。

[4]《中共广东省委关于深入学习贯彻落实习近平总书记重要讲话精神奋力实现"四个走在全国前列"的决定》,《南方日报》2018年7月30日。

[5] 陈注文:《广州开发区:全篇布局　新型研发机构建设显成效》,《广东科技》2018年第4期。

[6] 韩亚欣,吴非,李华民:《中国经济技术开发区转型升级之约束与突破——基于调研结果与现有理论之分析》,《经济社会体制比较》2015年第5期。

[7] 蒋万芳,邓毛颖,肖大威:《国家经济技术开发区产业及空间发展策略——以增城经济技术开发区为例》,《规划师》2012年第7期。

[8] 刘佳,程磊:《广州开发区和南沙开发区竞合关系分析》,《广东经济》2011年第11期。

[9] 王峰玉,朱晓娟:《中国开发区的发展回顾与战略思考》,《云南地理环境研究》2006年第4期。

[10] 王军:《黄埔区广州开发区改革创新发展情况综述》,《广东经济》2017年第11期。

[11] 薛晓峰：《以"双提升"战略打造知识经济高地——广州开发区转变经济发展方式的实践与探索》，《城市观察》2010年第1期。

[12] 阳镇，许英杰：《产城融合视角下国家级经济技术开发区转型研究——基于增城国家级经济技术开发区的调查》，《湖北社会科学》2017年第4期。

[13] 郑国，王慧：《中国城市开发区研究进展与展望》，《城市规划》2005年第8期。

[14] 郑国：《基于政策视角的中国开发区生命周期研究》，《经济问题探索》2008年第9期。

[15] 李光辉：《中国自贸区的开放现状与规则特点》，《东北亚经济研究》2017年第2期。

[16] 汤霞：《我国涉自贸区仲裁中的"涉外性"认定》，《国际经贸探索》2017年第12期。

[17] 徐奔：《广东自贸区在粤港澳大湾区中的战略支点功能研究》，《知识经济》2018年第9期。

[18] 廖梓添等：《中国自贸区负面清单探究——基于4个版本负面清单的分析》，《管理观察》2018年第16期。

[19] 黄奕信：《供给侧改革视角下的中国战略性新兴产业发展战略研究》，《改革与战略》2016年第6期。

[20] 袁中华：《我国新兴产业发展的制度创新研究》，西南财经大学博士学位论文，2011年。

[21] 陈爱雪：《我国战略性新兴产业发展研究》，吉林大学博士学位论文，2013年。

[22] 董树功：《协同与融合：战略性新兴产业与传统产业互动发展的有效路径》，《现代经济探讨》2013年第2期。

后记

　　2018年是中国改革开放40周年。作为庆祝改革开放40周年的重大举措，中共广东省委党校（广东行政学院）组织研究和编写了《广东：改革开放的"窗口"》一书。

　　本书是集体智慧的结晶。由中共广东省委党校（广东行政学院）常务副校（院）长杨汉卿同志亲自担任主编，副校（院）长方真同志担任副主编，经济学教研部、管理学教研部、决策咨询研究中心、中国特色社会主义研究所等部门的专家学者共同研究编写而成。具体分工如下：第一章由中国特色社会主义研究所所长张谨教授编写，第二章由经济学教研部副主任许德友教授编写，第三章由经济学教研部东童童副教授编写，第四章由管理学教研部主任赵祥教授、副主任谢西庆教授、胡霞教授和郭惠武副教授编写，第五章由经济学教研部副主任彭春华副教授、决策咨询研究中心蔡永幸老师编写，第六章由中国特色社会主义研究所邓利方研究员编写，第七章由中国特色社会主义研究所舒建华副教授、蓝强副教授编写。科研处配合主编做好协调和服务工作。

　　在编写过程中，杨汉卿常务副校（院）长、方真副校（院）长精心组织编写组成员反复进行研究，广东人民出版社钟永宁总编辑对本书的选题、框架结构和主要内容也提出了许多有益意见和建议。

各编写组成员结合自身的研究和成果，集体讨论、分工负责、相互协作，加班加点，不辞辛苦，在深入研究的基础上及时编写完成书稿。在此，要特别感谢广东人民出版社肖风华社长、钟永宁总编辑、卢雪华主任和有关编辑同志，他们为本书的编写、出版积极提供条件，作出了诸多的努力，促使本书能够及时、顺利地与读者见面。囿于时间和学识所限，书中不足之处敬请批评指正。

本书编委会
2018 年 11 月 12 日